한국기업의 해외직접투자에 대한 이론과 실제: 국가의 부패와 해외직접투자의 유입

Theory and Evidence from Foreign Direct Investment by Korean Firms: Government Corruption and Foreign Direct Investment Inflows

한국기업의 해외직접투자에 대한 이론과 실제: 국가의 부패와 해외직접투자의 유입

초판 1쇄 인쇄 2017년 6월 8일
초판 1쇄 발행 2017년 6월 15일

지 은 이 김경
펴 낸 이 신일희
펴 낸 곳 계명대학교 출판부
출판등록 제347-1998-1호(1970. 9. 1)
주 소 대구광역시 달서구 달구벌대로 1095
대표전화 053-580-6233
팩 스 053-580-6235
홈페이지 www.kmupress.com

ISBN 978-89-7585-778-2 93320 정가 20,000원

이 도서의 국립중앙도서관 출판예정도서목록(CIP)은 서지정보유통지원시스템 홈페이지(http://seoji.nl.go.kr)와 국가자료공동목록시스템(http://www.nl.go.kr/kolisnet)에서 이용하실 수 있습니다.(CIP제어번호: CIP2017013409)

"본 연구는 2012년도 계명대학교 비사연구기금으로 이루어졌음"

한국기업의 해외직접투자에 대한 이론과 실제:
국가의 부패와 해외직접투자의 유입

Theory and Evidence from Foreign Direct Investment
by Korean Firms: Government Corruption and
Foreign Direct Investment Inflows

김 경

계명대학교 출판부

Preface

책머리에

한국기업이 처음으로 해외직접투자를 시작한 시점이 1968년이니 벌써 그 역사가 50년이 다 되어간다. 초창기엔 주로 자원개발 목적의 산발적인 투자가 이어지다가 1980년대 이후에 제조업을 중심으로 본격적인 투자가 이루어지기 시작하였다. 따라서 한국기업의 해외직접투자는 그 진행과정에 있어서 1980년대에 이르러 서서히 나타나기 시작한 세계 경제의 글로벌화(globalization) 현상과 그 궤를 같이 한다고 볼 수 있다.

1990년대 초부터 한국기업의 해외직접투자를 본격적으로 연구하기 시작한 저자는 그 동안 이를 주제로 한 많은 논문을 발표하였으나, 대부분은 전문 학술지에 실린 비교적 짧은 분량의 연구논문들이었다. 이에 저자의 지난 20여 년간에 걸친 해외직접투자에 관한 연구들을 정리할 겸, 아울러 한국기업의 해외직접투자를 보다 심층적으로 분석한 책이 발간되어야 할 필요성을 느끼게 된 것이 이 책이 빛을 보게 된 배경이다.

물론 한권의 책으로 해외직접투자에 관한 제반 내용을 종합적으로 분석하여 담기에는 한계가 있다. 이 책은 해외직접투자에 관한 연구주제들 가운데 국가 차원에서의 입지적 결정요인을 중점적으로 다루었다. 특히 해외직접투자에 대한 문헌연구를 통한 이론적인 접근 외에 실증분석으로서 최근 많은 연구가 이루어지고 있는 국가의 부패와 해외직접투자 유입 간의 관계를 파악하기 위해 한국기업의 해외직접투자를 대상으로 조사한 내용이 포함되었다.

구체적으로 이 책의 내용은 다음과 같은 순서로 구성되었다. 제 1장은 서론으로서 연구의 배경과 목적, 그리고 연구의 구성과 범위를 다뤘다. 제 2장은 한국기업의 해외직접투자 현황과 해외직접투자에 대한 주요 이론들을 중심으로 서술하였다. 제 3장은 문헌연구로서 해외직접투자의 입지적 결정요인을 주제로 한 국내외 선행연구들을 조사하였으며, 제 4장은 해외직접투자의 결정요인으로서 국가의 부패 문제를 논의하였다. 구체적으로 부패에 대한 최근 국제사회의 관심 증가 배경과 부패의 개념, 정의 및 실태, 그리고 국가의 부패가 해외직접투자의 유입에 미치는 영향을 파악하였다. 제 5장은 실증분석으로서 피투자국의 부패 수준이 한국기업의 해외직접투자 유입에 어떠한 영향을 미치는지를 조사하였다. 그리고 마지막으로 제 6장은 결론과 정책적 시사점을 제시하였다.

이 책이 발간되기까지 많은 분들의 도움을 받았다. 우선 이 책을 저술하는데 연구비를 지원하고 출판을 맡아 준 계명대학교에 감사를 표하며, 아울러 자료 수집과 편집 과정에서 많은 수고를 아끼지 않은 계명대학교 대학원의 석·박사 졸업생들인 김수진님, 한승두님, 서영길님 등에게도 고마운 마음을 전한다. 또한 저자를 학문의 세계로 이끌어 주시고, 끝없는 학문적 자극과 격려를 아끼지 않으신 Temple 대학교의 최종무 교수님과 연세대학교 국제경영연구회의 정구현 교수님을 비롯한 회원님들에게도 무한한 존경과 감사의 마음을 표하고자 한다. 그리고 마음으로 묵묵히 지지해준 저자의 사랑하는 가족들에게도 아낌없는 감사와 애정을 보낸다.

2017. 4

저자 **김 경**

Contents

목차

표 목차

그림 목차

사례 목차

제1장

서론

제1장

서론

1-1 연구의 배경 및 목적

한국경제는 개방 경제체제 하에서 해외시장에 대한 의존도가 전통적으로 높은 편이었다. 1960-80년대에는 수출이 해외시장 진출의 주된 원동력이었고, 1990년대 이후에는 수출과 함께 해외직접투자(foreign direct investment: 이하 FDI)가 개방 경제체제를 이끌어 가는 쌍끌이 역할을 하고 있다.

그러나 그 동안 가파르게 증가하던 한국기업의 수출증가율이 최근 들어서 다소 둔화되고 있는 반면에 FDI는 꾸준하게 증가하는 추세를 보이고 있다. 지난 20년 사이에 한국의 연간 수출액은 약 3.8배 증가하였으나 연간 FDI 유출액은 약 9.4배가 증가하여 FDI의 증가율이 수출의 2배를 넘어서고 있다. 그리고 제2차 세계대전 이후의 GATT 체제가 주로 관세장벽의 완화에 초점을 맞췄던 것에 비해 1995년에 뒤이어 창설된 세계무역기구(WTO)는 각국의 투자장벽을 낮추는데 많은 노력을 기울이고 있으므로 앞으로 한국기업의 FDI는 더욱 빠르게 증가할 것으로 예상된다. 따라서 이제 한국경제를 이야기 할 때 FDI는 빼놓을 수 없을 정도로 중요한 위치를 점하고 있는 것이다.

이러한 측면에서 학계에서도 한국기업의 FDI를 설명하고 예측하기 위한 연구가 꾸준히 진행되어야 할 필요가 있다. 한편 1950년대 후반 하버드 대학교에서 '하버드 다국적 프로젝트(Harvard Multinational Project)'라는 명칭 하에 다국적기업들의 FDI에 대한 연구를 시작한 이후 무려 60년이란 시간이 흘렀다. 그 동안 국제경영 분야를 연구하는 학계에서는 FDI가 왜 발생하는지, 어떠한 산업에서 주로 발생하는지, 그리고 기업이 수출이나 해외 라이센싱 대신에 왜 FDI를 선택하는지 등에 관한 수많은 이론적 또는 실증적 연구들이 수행되어 왔다. 특히 해외자회사의 성과 결정요인, 해외시장의 진입방식 결정요인, 그리고 해외자회사에 대한 지식이전 등과 같은 주제의 주로 기업 혹은 미시적 차원에서의 FDI를 다룬 연구들이 주류를 이루어 왔다.

이러한 가운데에서도 초창기부터 시작하여 현재까지 꾸준하게 다루어지고 있는 연구주제가 바로 FDI를 끌어들이는 국가 차원에서의 입지적 요인(location-specific factor)은 무엇인가를 밝혀내는 것이다. 이 주제의 연구들은 처음에 피투자국(host country)의 노동비용, 시장규모, 투자기업에 제공하는 피투자국 정부의 인센티브 등 주로 경제적 환경요인에 초점을 맞추었다. 초기의 연구들이 주로 경제적 환경요인들에 초점을 맞추었던 주된 이유는 이러한 변수들이 계량화하기가 비교적 쉽고 또한 자료수집이 용이하기 때문으로 추정된다.

그러나 최근 들어서 FDI의 결정요인으로서 피투자국의 제도적 요인(institutional factor)에 초점을 맞춘 연구들이 많이 등장하고 있다. 특히 제도적 요인과 관련하여 선행연구들이 주로 관심을 보이는 분야가 정부의 효율성, 법절차의 정당성, 시장 친화적인 정책 여부, 국민의 인권 수준, 국가의 부패 수준 등이다. 이 중에서도 최근 학계에서 가장 주목을 끌고 있는 것이 피투자국의 부패 수준이 FDI의 유입에 어떠한 영향을 미치는지를 실증적으로 밝혀내는 연구들이다.

지금까지 국가의 부패는 경제성장에 부정적인 영향을 미치는 요소로서 주로 경제학 분야의 연구대상이 되어 왔으나, 최근 들어서는 FDI를 연구하는 국제경영 분야에서도 국가의 부패를 주제로 한 연구들이 활발히 이어지고 있다. 지난 30여 년간 세계경제는 무역과 투자의 장벽이 낮아지고 기업활동에 대한 각국 정부의 규제가 완화됨으로써 기업의 글로벌화가 빠르게 진행되어 왔으며 이는 많은 국가들의 경제성장을 촉진시켰다. 그런데 만약 국가의 부패가 FDI의 유입을 위축시킨다는 가설이 사실로 밝혀진다면 이는 국가의 규제와 마찬가지로 글로벌화의 장애요인으로 작용함으로써 국가의 경제성장에 부정적인 영향을 끼칠 것이다.

한편 국가의 부패를 주제로 다룬 선행연구들은 거의 대부분 미국을 비롯한 몇몇 선진국 기업들의 FDI를 대상으로 실증분석을 수행하였으며, 그 연구결과 또한 모두 동일하게 나타난 것은 아니다. 따라서 국가의 부패와 FDI의 유입 간의 관계에 대한 논쟁은 국내외 학계에서 여전히 진행 중이다. 사실 피투자국의 부패 행위에 대처하는 외국 기업들의 행태는 모국(home country)의 부패 관련 정책과 환경에 의해 영향을 받게 되는 것이 일반적이다. 따라서 부패 행위에 보다 엄격하게 대처하는 선진국 기업들의 투자 행태와 그렇지 않은 비 선진국 기업들의 투자 행태는 다를 것이라는 추론이 가능하다.

이러한 배경에서 한국기업의 FDI를 대상으로 피투자국의 부패 수준이 FDI의 유입에 어떠한 영향을 미치는지를 조사를 하는 것이 본 실증연구의 주된 목적이다.

1-2 연구의 구성과 범위

이 책은 총 6장으로 구성되어 있다. 제 1장은 서론 부분이며, 제 2장에서는 한국기업의 FDI에 관한 통계자료를 이용하여 그 특성과 추이를 심층적으로 검토하였다. 시계열자료를 이용하여 업종별, 투자지역별, 투자동기별, 기업규모별 등으로 구분하여 한국기업의 FDI 특성과 변화를 동시에 파악하였다. 아울러 해외직접투자의 주요 이론들을 소개하고, 한국기업의 FDI에 대한 이론적 접근을 시도하였다.

제 3장에서는 본 연구의 실증분석을 위한 토대를 마련하기 위하여 국가의 부패에 대한 이론 및 실제에 대한 검토를 수행하였다. 즉 부패와 FDI의 유입 간의 관계를 밝히기 위한 고찰로서 구체적으로는 부패문제가 왜 국제사회의 관심을 끌게 되었는지, 그리고 부패의 개념과 정의를 다루었으며, 또한 실제 부패 행위에 연관된 당사자들과 부패 행위의 방법 등에 대한 실태조사를 소개하였다. 더불어 부패가 왜 FDI의 유입에 영향을 미치는지에 대한 여러 논의들을 검토하였다.

제 4장은 국내외 선행연구들에 대한 문헌연구를 통하여 국가 차원에서의 FDI의 주요 결정요인들을 파악하였다. FDI의 결정요인을 실증적으로 조사한 지금까지의 연구들은 그 주제와 방법론에 있어서 매우 다양한데, 우선 자료의 특성에 따라 3가지 부류의 연구흐름으로 구분할 수 있다. 첫째는 기업 차원의 자료(firm-level data)를 가지고 기업의 어떠한 경쟁적 우위가 국내가 아닌 타국에 직접투자를 하게끔 만드는지를 조사하는 연구들이다. 두 번째 부류는 산업 차원의 자료(industry-level data)를 대상으로 어떠한 산업적 특성이 그 산업 내의 기업들로 하여금 다른 산업의 기업들보다 더 활발하게 FDI를 수행

하게 하는지를 밝히는데 중점을 둔 연구들이다. 마지막 세 번째는 국가 차원의 자료(country-level data)를 가지고 FDI의 유입이 왜 특정 국가에 집중되는지에 대한 의문을 푸는데 초점을 맞춘 연구들이다. 이 3가지 부류의 연구흐름 가운데 본 문헌연구는 세 번째 부류의 선행연구들을 대상으로 그 범위를 한정하였다.

제 5장에서는 실증분석을 위한 연구모형과 가설을 제시한 후, SPSS 통계패키지를 이용하여 다중회귀분석을 실시하고 제시된 가설을 검정하였다. 본 실증분석에서 사용된 기본적인 자료는 국내외 기관에서 발간된 2차 자료(secondary data)를 활용하였다. 연구모형에서의 종속변수는 피투자국에 유입된 한국기업의 FDI 금액이 사용되었으며, 독립변수로는 각 피투자국의 부패 지수 외에 여러 통제변수들이 포함되었다.

마지막으로 제 6장은 요약 및 결론 부문으로서 본 연구결과를 요약하고 정리하였다. 특히 연구결과를 바탕으로 기대되는 정책적 시사점 및 본 연구의 한계점, 그리고 앞으로의 연구방향을 함께 제시하였다.

제2장

한국기업의 해외직접투자 현황과 이론적 접근

제2장

한국기업의 해외직접투자 현황과 이론적 접근

2-1 한국기업의 해외직접투자 현황

2-1-1 연도별 해외직접투자의 추이

한국기업의 FDI는 1980년대 이후 점차 늘어나기 시작하였으나 1990년대 이전까지는 연간 투자액이 10억 달러 미만에 그쳤다. 하지만 1990년대 이후 국내의 임금 상승으로 인하여 FDI는 본격적으로 증가하였다. 아래의 〈표 2-1〉은 1990년부터 2016년까지 한국기업의 FDI 투자액과 신규 해외법인 설립 건수의 연도별 추이를 보여주고 있다.

〈표 2-1〉 한국기업의 FDI 유출의 연도별 추이

(단위 : 백만 달러, 건)

연도	1990	1991	1992	1993	1994	1995	1996	1997	1998	1999
투자액	1,074	1,318	1,356	1,450	2,357	3,231	4,559	3,882	4,806	3,402
신규 법인수	345	450	503	694	1,491	1,348	1,482	1,360	612	1,104

연도	2000	2001	2002	2003	2004	2005	2006	2007	2008	2009
투자액	5,290	5,366	4,059	4,788	6,565	7,288	11,877	22,701	24,040	20,731
신규 법인수	2,118	2,180	2,519	2,828	3,795	4,450	5,209	5,687	4,038	2,474

연도	2010	2011	2012	2013	2014	2015	2016
투자액	24,658	29,083	28,540	30,193	26,999	27,231	34,986
신규 법인수	2,890	2,755	2,539	2,817	2,811	2,902	3,084

자료원 : 한국수출입은행, 해외투자통계.

1990년에 처음으로 연간 FDI 투자액이 10억 달러를 돌파하였으며, 당해 연도의 신규 해외법인 설립건수는 345건이었다. 이후 꾸준히 증가하여 2006년에는 100억 달러를 상회하였으며, 아울러 신규 법인수도 5천 건을 넘어섰다. 그리고 2000년대 이후에도 FDI 투자액은 지속적으로 증가하여 2007년에는 200억 달러를 돌파하였고, 2016년도에는 350억 달러에 육박하고 있다.

2-1-2 업종별 해외직접투자의 현황

〈표 2-2〉는 업종 대분류에 따른 한국기업의 FDI 투자액을 1990년 이후 5년 단위로 보여주고 있다.

〈표 2-2〉 업종별 FDI 추이

(단위 : 백만 달러)

업종 \ 연도	1990	1995	2000	2005	2010	2015
농업, 임업 및 어업	41	23	20	28	130	136
광업	152	77	139	496	7,574	3,355
제조업	480 (44.7%)	2,058 (63.7%)	1,632 (30.8%)	3,888 (53.3%)	7,446 (30.2%)	7,335 (26.9%)
건설업	5	87	120	179	349	1,695
도매 및 소매업	227	326	823	1,057	1,553	2,058
운수업	1	38	37	111	506	241
숙박 및 음식업	24	56	250	185	170	709
금융 및 보험업	104	83	67	277	2,836	5,183
부동산 및 임대업	16	137	432	504	1,554	3,439
기타	24	346	1,770	563	8,540	3,080
합계	**1,074**	**3,231**	**5,290**	**7,288**	**24,658**	**27,231**

자료원: 〈표 2-1〉과 동일.

1990년대 한국기업의 FDI를 주도하는 업종은 제조업이었다. 1990년에는 전체 투자액의 약 45%를 차지하였으며, 1995년에는 전체 32억 3천만 달러 중에서 20억 5천만 달러가 제조업에서 이루어짐으로써 그 비중이 63.7%를 차지하고 있다. 그 다음으로는 도매 및 소매업으로서 1990년에는 전체 투자의 22%를 차지하였으나 1995년에는 10%로 줄어들었다. 이 당시의 도소매업은 주로 한국기업의 수출을 촉진하기 위한 목적의 투자로서 사실상 무역업에 대한 투자라고 볼 수 있다.

2000년대 들어서는 제조업의 비중이 줄어드는 추세를 보이는데 2000년에 31%를 차지하였다가 5년 후인 2005년에는 다시 늘어나서 53%의 점유율을 보였다. 이후 2010년에 30%, 그리고 2015년에는 27%를 각각 차지함으로써 최근 그 비중이 점차 감소하는 추세를 보이고 있다.

상대적으로 줄어드는 제조업의 비중을 대신 차지하는 업종이 광업, 금융·보험업, 그리고 부동산 및 임대업으로서 이 업종들은 최근 들어서 투자가 급격히 늘고 있다. 특히 광업은 2010년에 75.7억 달러의 투자를 기록함으로써 제조업의 30.2%를 능가하는 30.7%의 비중을 차지함으로써 한국기업의 FDI를 잠시 주도하였다. 이후 2015년에는 광업 부문의 투자가 다시 줄어들어서 12.3%의 비중을 점하고 있다. 최근 이와 같은 광업 부문에서의 투자는 해외자원을 개발하기 위한 것으로서 앞으로도 꾸준히 이어질 것으로 예상된다.

역시 최근 들어서 급속도로 투자가 늘어난 부문이 금융업으로서 서비스산업의 FDI를 주도하고 있다. 2000년대 초반만 하더라도 그 비중이 미미했던 금융업종의 투자액이 2010년과 2015년에는 전체 투자액 중에서 차지하는 비중이 각각 11.5%와 19.0%로서 특히 2015년에는 27%의 제조업의 뒤를 이어 두 번째로 그 비중이 높았다. 이와 같은 사실은 제조업에 비해 국제경쟁력이 상대적으로 취약한 한국의 금융업에서도 이제 글로벌화에 동참하여 해외시장에서의 수익창출을 적극적으로 도모하고 있다고 판단된다.

최근 들어서 투자 비중이 눈에 띄게 늘어나는 또 하나의 업종이 부동산 투자 및 임대업이다. 1990년대까지 부동산에 대한 투자액의 비중이 전체 투자액의 5% 미만이었으나 2000년대 들어서 8%대로 증가하였으며 2015년에는 그 비중이 13% 수준에 육박하였다. 일본기업들의 경우에도 제조업 부문의 뒤를 이어 1990년대 들어서 해외 부동산에 대한 투자가 급증하였는데 한국기업들도 이러한 패턴을 따르고 있는 것으로 보여 진다. 현재 글로벌 경기침체로 인하여 제조업 부문의 투자 수익성에 대한 불확실성이 높아짐에 따라 앞으로도 한국기업의 해외 부동산에 대한 최근의 투자 추이는 이어지리라고 예상된다.

2-1-3 지역별 해외직접투자의 현황

다음의 〈표 2-3〉은 각 지역별로 한국기업의 FDI 투자액을 보여주고 있다.

〈표 2-3〉 지역별 FDI 추이

(단위: 백만 달러)

지역 \ 연도	1990	1995	2000	2005	2010	2015
중국	21	847	767	2,867	3,658	2,855
중동	40	31	34	132	343	1,507
동남아	350	920	947	1,487	6,494	8,199
북미	455	584	1,475	1,297	4,686	6,167
중남미	67	125	1,505	562	2,225	4,589
유럽	82	641	314	658	6,188	2,757
아프리카	26	41	157	130	284	128
대양주	32	39	90	154	779	1,027
합계	**1,074**	**3,231**	**5,290**	**7,288**	**24,658**	**27,231**

자료원: 〈표 2-1〉과 동일.

〈표 2-3〉에서 보듯이 역시 중국을 포함한 아시아 지역이 한국기업의 FDI의 최대 유입지역으로 드러났다. 전체 투자액 대비 아시아 지역의 비중이 2005년도에 60%로서 최고치를 기록했다가 2010년과 2015년에는 각각 41%와 40%를 차지함으로써 다소 줄어들고 있다. 그리고 아시아 지역의 투자만 놓고 볼 때 지역별 분포에 있어서 다소 변화가 나타나고 있다. 2005년도의 경우에 아시아 지역 투자의 약 3분의 2가 중국에 집중되었는데 2010년 이후에는 중국의 비중이 3분의 1 수준으로 줄어들고, 반면에 동남아 지역이 거의 3분의 2를 차지하고 있다.

이러한 변화가 나타난 것은 주로 다음과 같은 이유로 설명할 수 있다. 최근 중국의 상대적으로 높은 임금 인상률과 중국 정부의 외국인 투자기업에 대한 정책의 변화에 기인한다고 보겠다. 근래 들어서 중국 정부는 외국인 투자기업에게 제공하는 인센티브를 축소하는 동시에 엄격한 노동법 집행을 강화하는 방향으로 정책을 전환하고 있다(KIEP, 2009). 아시아 지역에 대한 상대적인 투자 비중의 감소와 동시에 〈표 2-3〉에 나와 있듯이 북미, 유럽, 그리고 중남미 지역으로의 투자는 최근 꾸준히 증가함으로써 투자 지역의 다변화 현상이 나타나고 있다는 점은 바람직하다고 보겠다.

한편 투자 지역별로 업종의 분포가 차이를 보일 것이라는 추정 하에 2015년도 한국기업의 FDI를 대상으로 지역별·업종별 분포를 살펴보았는데 〈표 2-4〉는 그 결과를 보여준다.

〈표 2-4〉 지역별 · 업종별 FDI 분포(2015년도 기준)

(단위 : 백만 달러)

업종 \ 지역	중국	중동	동남아시아	북미	중남미	유럽	아프리카	대양주	합계
농업, 임업, 어업	1	0	104	2	8	10	1	9	136
광업	3	116	1,081	307	715	303	90	739	3,355
제조업	2,264	28	2,295	877	1,243	584	28	16	7,335
건설업	3	1,356	138	34	5	153	4	2	1,695
도매 및 소매업	242	1	702	901	55	136	2	18	2,058
운수업	9	1	131	43	21	36	0	0	241
숙박 및 음식업	19	0	82	598	2	3	0	5	709
금융 및 보험업	168	0	1,611	1,399	1,686	319	1	0	5,183
부동산 및 임대업	19	1	210	1,262	775	967	1	205	3,439
기타	127	4	1,845	744	79	26	1	205	3,079
합계	**2,855**	**1,507**	**8,199**	**6,167**	**4,589**	**2,757**	**128**	**1,027**	**27,231**

자료원: 〈표 2-1〉과 동일.

〈표 2-4〉를 살펴보면 역시 예상했던 바와 같이 지역별로 투자 업종에 있어서 비교적 크게 차이가 나타났다. 중국의 경우는 제조업의 비중이 압도적으로 높아서 2015년도 투자액 28.5억 달러 가운데 22.6억 달러가 제조업에 대한 투자로서 거의 80%에 이르는 비중을 점하고 있다. 반면에 중동 지역에 대한 투자는 전체 15억 달러 중 90%가 건설업에 치중되어 있을 정도로 절대적인 비중을 차지하고 있다.

한편 대부분의 국가들이 ASEAN에 속해 있는 동남아시아 지역에 대한 투자는 업종별로 비교적 고른 분포를 보여주고 있다. 2015년도의 총 82억 달러의 투자액 중에서 제조업이 23억 달러로 가장 높은 비중을 차지하고 있으나 그 비율은 전체의 28%에 그치고 있다. 그 외에 금융·보험업, 광업, 그리고 도소매업이 각각 19.6%, 13.2%, 8.6%를 차지함으로써 그 뒤를 잇고 있다.

북미 지역의 경우는 전체 투자액 61.6억 달러 가운데 제조업이 8.8억 달러를 기록함으로써 그 비중은 불과 14.2%에 그치고 있다. 반면에 금융·보험업이 14억 달러로서 가장 높은 22.7%의 비중을 차지하고 있으며, 그 뒤로 부동산 및 임대업이 12.6억 달러(20.4%의 비중)를 기록하였다

중남미 지역 역시 금융·보험업이 가장 높은 비중을 보이고 있는데, 전체 투자액 46억 달러 중에서 약 17억 달러(36.7%의 비중)를 차지하고 있다. 그 외에 제조업이 27.1%, 부동산 및 임대업, 그리고 광업이 각각 16.9%와 15.6%의 비중을 차지하고 있다. 중남미 지역의 경우 금융 선진국들이 속해 있는 것이 아닌데도 북미나 동남아시아 지역보다 한국 금융산업의 FDI가 더 집중되어 있다는 것은 다소 의아하게 보인다.

유럽지역에 대한 업종별 투자는 북미와 비슷한 패턴을 보이고 있다. 전체 27.5억 달러의 투자액 중에서 제조업은 5.8억 달러(21.2%)를 차지하고 있으며, 역시 부동산 및 임대업이 35%의 가장 높은 비중을 보이고 있다. 마지막으로 아프리카와 대양주는 광업이 각각 70% 이상의 매우 높은 비중을 나타내고 있다.

이상에서 살펴본 바와 같이 한국기업의 지역별·업종별 FDI 분포를 다시 한번 요약하면 제조업은 중국과 동남아시아를 중심으로 한 아시아 지역과 중남미의 개발도상국들에 주로 진출을 하며, 광업은 자원 부국인 동남아시아, 중남미, 그리고 대양주에 집중되어 있다. 반면에 북미와 유럽의 주요 선진국에는 제조업보다는 금융과 부동산에 대한 투자가 활발히 이루어지고 있다.

다음의 〈그림 2-1〉은 지역별로 전체 투자액 중에서 각 업종이 차지하는 비중을 비교하기 쉽게 보여주고 있다.

〈그림 2-1〉 각 지역별 해외직접투자의 주요 업종 비중(2015년 기준)

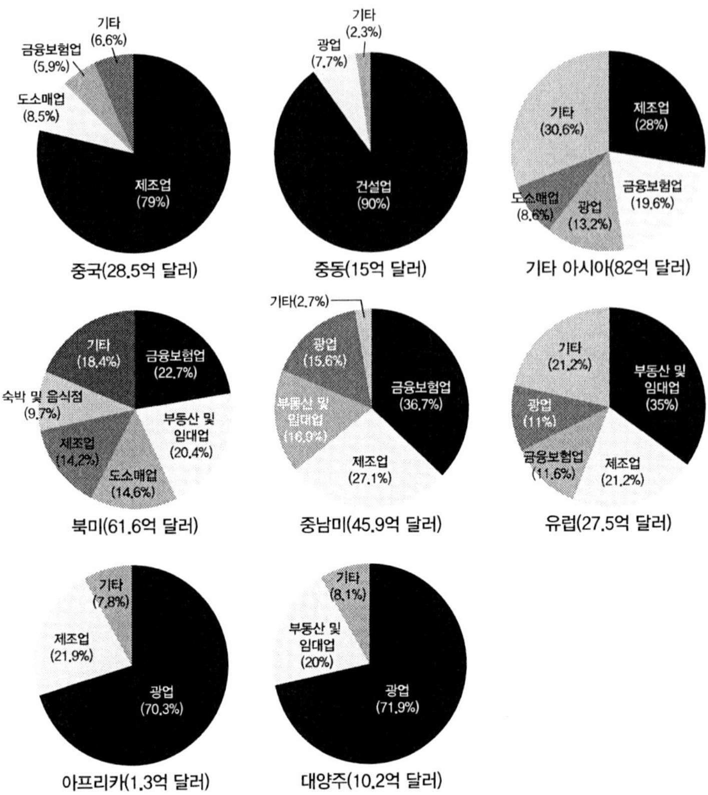

2-1-4 투자동기별 해외직접투자의 현황

한국기업의 FDI에 대한 투자 동기는 한국경제의 특징을 반영하듯 시대별로 변화하여 왔다. 아래 〈표 2-5〉는 1990년대 이후 최근까지 한국기업의 FDI에 대한 투자동기의 변화 추이를 보여주고 있다.

〈표 2-5〉 투자 동기별 FDI 추이

(단위 : 백만 달러)

투자동기 \ 연도	1990	1995	2000	2005	2010	2015
자원개발	545	339	325	659	7,915	4,568
수출촉진	268	1,592	1,215	1,748	2,168	1,612
보호무역 타개	0	43	26	167	45	40
저임금 활용	14	330	163	861	1,157	830
선진기술 도입	16	93	435	169	699	1,279
현지시장 진출	176	276	694	2,112	10,927	13,327
제3국 진출	–	–	42	219	1,656	5,555
기타	55	558	2,320	1,353	91	20
합계	**1,074**	**3,231**	**5,290**	**7,288**	**24,658**	**27,231**

자료원: 〈표 2-1〉과 동일.

한국기업의 FDI 동기는 〈표 2-5〉에서 보듯이 지난 20여 년간 비교적 뚜렷한 변화를 보여 왔다. 1990년에는 주된 동기가 자원개발과 수출촉진 목적의 투자가 주종을 이루었다. 당시 총 투자액 10.7억 달러 중에서 자원개발 목적의 투자가 5.4억 달러, 그리고 수출촉진 목적의 투자가 2.7억 달러로서 각각 50.7%와 24.9%의 비중을 차지하여 이를 합치면 75.6%, 즉 전체의 4분의 3이 자원개발과 수출촉진을 위해 투자되었다. 이 시기에 한국기업들은 해외시장에 진출하기 위한 주력 루트로서 수출을 활용하였고, 동시에 수출 경쟁력을 제고시키기 위한 수단으로서 원자재 확보와 무역 부문에 대한 FDI를 활용하였다고 볼 수 있다. 즉 당시에는 수출이 우선이고 FDI는 수출을 활성화시키기 위한 보완책이라고 봐야 할 것이다.

이러한 패턴은 5년이 지난 1995년에도 큰 변화를 보이지 않았다.

즉 자원개발과 수출촉진의 두 가지 투자 동기가 여전히 높은 비중을 나타내고 있다. 다만 그 순위가 바뀌어 자원개발의 비중이 10.5%로 대폭 낮아지는 대신에 수출촉진의 동기가 49.3%의 비중으로 크게 높아졌다. 그러나 1990년과 비교하여 1995년에 나타난 작은 변화는 저임금 활용 목적의 투자 비중이 점차 높아지기 시작했다는 점이다. 따라서 이 시점부터 국내의 고임금을 피해 중국을 비롯한 낮은 임금의 국가로 생산시설을 이전하는 제조업 분야의 FDI가 본격적으로 증가하기 시작하였다는 점에 주목을 할 필요가 있다.

2000년에 들어서 눈에 띄게 나타난 현상은 수출촉진 목적의 투자가 여전히 가장 높은 비중을 차지하고 있지만 그 상대적 비중이 23%로 줄어든 반면에 현지시장 진출과 선진기술 도입 목적의 투자 비중이 점차 늘어나고 있다는 점이다. 이러한 목적의 투자는 대부분 선진국들에 집중될 수밖에 없는 바, 앞서 〈표 2-3〉에서 보았듯이 2000년대에 접어들어 북미 지역에 대한 투자가 대폭 늘어난 사실로 입증되고 있다.

2005년에도 역시 수출촉진 목적의 투자 비중이 24%로서 5년 전과 비슷한 수준인 반면에 현지시장 진출 목적의 투자가 29%를 차지함으로써 가장 높은 비중을 보이고 있다. 아울러 저임금 활용 목적의 투자도 5년 전의 약 7% 수준에서 2005년에는 11.8%의 비중으로 다소 증가하였다.

2010년에 들어서 큰 변화를 보인 것은 그 이전 10년 동안 20%대 중반의 비교적 높은 비중을 보였던 수출촉진 목적의 투자 비중이 8.8%로 대폭 낮아졌다는 점이다. 그 대신 현지시장 진출 목적의 투자 비중이 44.3%로 급증하였다. 따라서 2010년대 들어서 한국기업의 FDI가 이제 본격적으로 고도화 단계에 접어들었다고 판단할 수 있다. 이는 FDI가 수출을 보완하기 위한 수단이 아니고 이제 수출을 대체하는 역할을 하기 시작했다는 의미로도 해석된다.

아울러 2010년대에 나타난 또 하나의 큰 변화는 1990년대 초반에 비중이 높았던 자원개발 목적의 투자가 잠시 주춤하였다가 다시 큰 폭의 증가세를 보였다는 점을 들 수 있다. 2010년에 전체 246억 달러의 투자액 중에서 32%인 79억 달러가 자원개발 목적의 투자에 집중되었다. 이와 같은 현상은 최근 각국 간에 벌어지고 있는 글로벌 자원 확보 경쟁에 한국기업들도 적극적으로 대응하고 있다는 사실을 보여준다.

최근 전 세계 자원 확보를 둘러싼 국가 간 경쟁을 글로벌 자원전쟁이라고 칭할 정도로 치열하게 전개되고 있는데, 그 배경을 다음과 같은 3가지 측면에서 설명할 수 있다(남유현, 2010). 첫째, BRICs 등 신흥공업국들의 경제성장으로 인한 자원의 수요가 급격히 증가하고 있으며, 둘째로 자원의 공급은 개발에 따른 위험도가 증가하여 정체되고 있는 반면에 수요는 폭증하여 수요와 공급의 불균형 현상이 발생하고 있다. 셋째, 자동차 강판 등에 사용되는 몰리브덴과 리튬 같은 희귀 금속들은 매장량이 일부 국가에 편중되어 있으며 최근 품귀 현상을 빚어 세계 각국은 이를 확보하기 위한 총성 없는 전쟁을 벌이고 있다.

이러한 환경적 배경과 관련하여 아래 [사례 2-1]에 나와 있는 기사는 최근 한국기업의 해외자원 개발에 대한 적극적인 투자 의욕의 한 단면을 여실히 보여주고 있다.

[사례 2-1] "글로벌 자원전쟁 – 카메룬, 중국 · 일본도 포기한 황금밭, 한국 향해 손짓"

지난달 27일, 카메룬의 수도인 야운데 한 가운데 솟은 산 중턱에 위치한 경치 좋은 몽빼베 호텔에는 200명이 넘는 한국 사람들로 북적였다. 1961년 양국 수교 이래 이처럼 많은 한국 사람들이 한꺼번에 카메룬에 모인 것은 처음이라며 현지 대사관 직원, 업체 관계자들 모두 바쁘게 움직였다.

이날 호텔 세미나장에서는 포스코, STX, 현대차 등 한국을 대표하는 기업의 고위 임원들이 카메룬 정부 핵심 관계자들과 광물 자원개발, 철도 건설 등 다양한 경제 협력 프로젝트를 논의했다. 이들의 대화는 세미나장을 벗어나, 호텔 커피숍과 로비 소파로까지 이어졌다.

호텔 밖 풍경도 마찬가지다. 카메룬에서 30년 가까이 사진관을 운영 중인 한 교민은 "서부 시대 골드러시가 이랬을 것"이라는 말로 부쩍 늘어난 한국 사람들의 발길을 묘사했다. 1980년대와 2000년대 초반 일본과 중국인들이 한 차례씩 금맥을 캐러 몰려왔다가 빈손으로 돌아간 뒤, 다시 10년 만에 한국인들이 몰려오고 있다는 것이다.

'아프리카 속 작은 아프리카' 카메룬이 긴 잠에서 깨어나기 시작했다. 프랑스에서 독립 후 종족 간 갈등, 정치와 경제 불안에 문을 꽁꽁 걸어 잠궜던 카메룬 정부가 땅 속 숨겨진 자원을 앞세워 우리 기업들을 유혹하는 것이다.

정부와 기업들도 카메룬의 매력에 푹 빠진 모습이다. 이날 정준양 포스코 회장은 별도의 전세기 편으로 날아와 카메룬 남부 항만과 대규모 철광석이 묻힌 내륙을 연결하는 철도 구축 계획을 심도 있게 논의했다. 김은석 외교통상부 에너지자원 대사를 단장으로 한 정부 대표단도 광물자원 실험소 설립과 카메룬 전체 국토 면적의 60%에 달하는 내륙지역 자원 공동탐사 카드를 제시, 현지 정부관계자들로부터 호평을 받았다.

◇ 카메룬 성공신화 만든 작은 기업

우리에게 "축구 좀 잘하는 아프리카 대륙의 한 나라"에 불과했던 카메룬이 자원 부국으로 주목받기 시작한 것은 C&K라는 중소기업이 거둔 성과가 알려지면서부터다. 존재조차 생소했던 C&K는 사금 채취로 시작, 올해 요카도마 지역 다이아몬드 광업권을 정식 획득해 일약 코스닥의 기대주로 주목받고 있다.

이 회사의 모태가 된 베따레 오야(Betare-Oya)의 사금 채취 현장. 지난달 26일 오후, 수도 야운데에서 상태가 썩 좋지 않은 아스팔트 포장 도로와 또 상당한 거리의 비포장 도로를 따라 차로 10시간 달려 도착했다. 해는 뉘엿뉘엿 넘어가고 있었지만 땅을 파는 포크레인과 흙을 걸러 사금을 골라내는 육중한 장비의 굉음은 끊이질 않았다.

40여 명의 한국인과 카메룬인 직원들은 4 헥타아르 넓이의 사금 광산에서 쉼 없이 흙을 파고, 걸러냈다. 이런 노력은 하루에 작게는 500g에서 많게는 1.5kg의 금가루로 돌아온다. 금 1g의 가격이 최근 1년 동안 4만원에서 5만원 사이를 오갔으니, 하루에만 약 2,000만원에서 6,000만원의 노다지를 캐내는 셈이다.

지표면에 이처럼 많은 사금이 있다는 것은 인근에 대규모 금광이 존재할 확률이 높다는 반증이기도 하다. 카메룬 현지 법인인 C&K마이닝의 한석주 대표는 "길도 없는 숲을 걷어내고 캐낸 사금이 다이아몬드 광산의 기틀이 됐다"며, "이 곳과 함께 최근 탐사권을 확보한 3개 금광에서도 조만간 최종 인허가 절차를 마치고 본격적인 금 생산에 나설 것"이라고 강조했다.

베따레 오야의 사금광은 C&K 다이아몬드 광산의 기반이기도 하다. 그는 "사금으로 번 돈을 모두 다이아몬드 발굴에 쏟아 부은 결과 4년이 넘는 시간 동안 탐사, 환경영향평가, 지질평가 등을 마칠 수 있었다"며 아무도 없는 카메룬에서 악전고투하며 얻어낸 지난 세월의 인내와 끈기를 설명했다.

◇ 노다지는 인내와 노력을 요구한다

51년 전 식민지에서 벗어난 이후 수많은 기업들이 노다지를 향해 달려들었지만, C&K를 포함 단 5개 탐사권만이 발급됐다는 사실은 '하이 리스크 하이 리턴'이라는 자원 개발의 공식을 그대로 보여준다.

우선 카메룬 정부의 벽을 넘어야 한다. 카메룬에서 자원을 개발하기 위해서는 연구권, 탐사권, 광업권을 취득해야 한다. 문제는 최종 생산을 허락하는 광업권이다. 자원 개발을 원하는 어느 누구나 지형을 조사(연구권)하고, 탐사할 수는 있지만(탐사권) 이것이 자원 생산(광업권)과 직결되지는 않는다.

"광업권은 국익을 위해 허용하는 것이기 때문에 쉽게 내줄 수 없는 만큼 철저한 심사를 통해 사업자를 정하고 있다. C&K의 다이아몬드 광업권 획득은 오랜 기간 동안 신뢰를 쌓은 기업에 돌아간 것"이라고 강조한 후 칼리스투스 장뜨리 산업광업기술개발부 차관의 말에서도 높은 벽을 실감할 수 있었다.

현지 한 교민은 "일본 기업들은 우리보다 20년 앞서 카메룬의 자원에 관심을 갖고 도전했지만, 결국 빈손으로 돌아갔다"며 "카메룬 정부의 투자 유치 의지는 아직 주변 국가들과 비교해 상대적으로 약한 편"이라고 평가했다.

카메룬의 법과 관습도 쉽지 않은 장벽이다. 1인당 GDP는 1,100달러를 간신히 넘은 후발 개도국이지만, 법체계만큼은 선진국 프랑스의 것을 그대로 따른다. 반면 높지 않은 교육, 기술 수준으로 현지 노동자들의 생산성은 매우 낮다는 게 현지에서 사업체를 운영하고 있는 교민들의 평가다. 저임금이라는 이유 하나로 현지인을 마구 고용했다가는 본전도 못 찾기 십상인 셈이다.

현지 관계자는 "사금 채굴 초기 높은 임금 수준에도 불구하고 뜻하지 않은 노동조합 결성과 파업, 그리고 경쟁 업체의 인력 빼가기에 많은 어려움을 겪기도 했다"며 "후진국이라는 생각으로 접근한다면 결코 성공할 수 없는 곳"이라고 강조했다. 2000년대 초반 막대한 원조를 앞세워 우후죽순 난립했던 중국 업체들이 지금은 단 한곳도 남아있지 않은 이유도, 그들에게 생소했던 법과 제도의 장벽 때문이다.

(출처: 헤럴드 경제, 2011. 2. 14)

2010년대 들어서 한국기업의 FDI 동기와 관련하여 눈에 띄는 현상 가운데 하나가 또 있다. 그 것은 바로 제 3국에 수출하기 위한 목적의 투자가 점차 증가하기 시작했다는 점이다. 이러한 투자는 2010년의 전체 대비 6.7%의 비중과 비교하여 2015년에는 그 비중이 더욱 커져서 무려 20.3%를 차지하고 있다. 이러한 투자 행태는 목표시장에 진출하기에는 현지의 높은 노동비용 때문에 부담을 느낀 기업들이 그 대안으로서 같은 지역경제통합 가맹국인 인근의 국가에 진출하여 생산한 제품을 최종 목표시장에 판매하기 위해서 발생한다. 예를 들면 미국이나 캐나다 시장에 판매하기 위해 멕시코에 투자를 하거나 서유럽 시장에 판매하기 위한 제품을 인근 동유럽에서 생산하는 것이다.

가장 최근인 2015년에 나타난 한국기업의 FDI의 특징을 요약하여 설명하면 수출을 촉진하기 위한 투자의 비중은 지속적으로 하락하여 전체의 5.9%에 그친 반면, 보다 적극적인 해외시장 확보 전략으로서 현지시장 진출 또는 제 3국 시장에 진출하기 위한 목적의 투자 비중이 70%에 달할 정도로 높아졌다는 사실이다. 즉 다시 말하면 이제 글로벌화 현상이 더욱 심화됨에 따라 한국기업들이 기존의 수출시장을 방어하기 위한 목적의 투자에서 벗어나 보다 적극적으로 해외시장을 개척하고 현지화를 하기 위한 공격적인 목적의 투자로 전환하고 있다는 사실을 의미한다.

2-1-5 투자 규모별 해외직접투자 현황

투자 주체인 기업의 규모별로 구분하여 한국기업의 FDI 추이를 나타낸 것이 〈표 2-6〉에 나와 있다.

〈표 2-6〉 기업 규모별 FDI 추이

(단위: 백만 달러, 건수)

기업규모 \ 연도		1990	1995	2000	2005	2010	2015
대기업	투자액	864	2,383	2,892	4,501	21,287	21,817
	신규법인수	127	275	245	364	472	403
중소기업	투자액	200	792	2,216	1,966	2,670	4,156
	신규법인수	203	926	1,213	1,531	1,238	1,524
개인 및 개인기업	투자액	10	55	178	689	425	1,363
	신규법인수	15	146	656	2,547	1,142	939
기타(비영리 법인 등)	투자액	–	1	3	132	277	895
	신규법인수	–	1	4	8	38	36
합계	**투자액**	**1,074**	**3,231**	**5,290**	**7,288**	**24,658**	**27,231**
	신규법인수	**345**	**1,348**	**2,118**	**4,450**	**2,890**	**2,902**

자료원: 〈표 2-1〉과 동일.

한국의 FDI를 이끌어 온 쌍두마차인 대기업과 중소기업의 상대적인 비중을 살펴볼 때 지난 20여 년간 비교적 큰 변화를 보이지는 않는다. 투자액 측면에선 대기업이 압도적으로 높은 비중을 차지하며, 신규법인 설립 건수에 있어서는 중소기업이 상대적으로 비중이 높게 나타났다. 따라서 투자 건당 금액 기준으로는 대기업이 상대적으로 대규모의 투자를 실행하고 있음을 알 수 있다.

시대별로 살펴보면 대기업 투자액의 상대적 비중이 1990년대엔 80% 대에 이르렀으나 2000년대 초반에는 50%-60% 대로 잠시 하락하였다가 2010년 이후에 다시 80% 대를 회복하고 있다. 대기업들의 입장에선 1997년 말의 IMF 외환위기 이후 2000년대 초반까지 국내산업의 구조조정에 치중하느라 FDI에 신경을 쓸 여력이 다소 부족한 사이에 중소기업들은 국내시장의 불황을 틈타서 해외로 눈을 돌린 것으로 보여 진다.

그러나 2010년 이후 최근까지 대기업의 비중이 다시 크게 늘어난 현상은 앞에서 분석했던 투자 동기의 변화로 설명이 가능하다. 2010년 이후 FDI를 주도하는 동기는 자원개발과 현지시장 진출이다. 이는 상대적으로 대규모의 자본 투입이 요구되는 반면에 위험부담이 큰 사업으로서 중소기업보다는 대기업에게 더 적합하다고 볼 수 있다.

〈표 2-6〉에서 주목할 만 한 점은 1990년대에 거의 미미한 수준이었던 개인 혹은 개인기업에 의한 FDI가 2000년대 이후 급격히 늘고 있는 현상이다. 아직 절대적인 투자액에 있어서는 대기업이나 중소기업에 비해 적은 편이지만 2015년에는 이들에 의한 투자액이 13.6억 달러에 달했다. 개인 혹은 개인기업에게 적합한 업종은 기술적 노하우가 요구되는 제조업보다는 주로 도소매업, 숙박 및 음식업, 부동산 및 임대업 등의 서비스산업이라고 볼 수 있는데, 이들은 국내시장의 성장둔화에 따른 수익성 감소로 인하여 해외시장에서 돌파구를 찾기 위해 소규모 자본의 투자를 실행하는 것으로 판단된다.

아래 [사례 2-2]에 나와 있는 기사는 최근 급증하고 있는 개인들의 외식업종에 대한 해외창업 열풍의 한 단면을 보여 준다.

[사례 2-2] "프랜차이즈 창업, 이제는 해외로 나간다"

대한민국 곳곳 골목골목마다 치킨집,·편의점, 커피전문점 등이 넘쳐나고 있다. 하지만 뚜렷한 대안을 찾지 못한 사람들은 동일한 소규모 창업을 이어가고 있다. 그러다 보니 포화상태인 국내를 벗어나 해외로 눈을 돌리는 사람도 하나둘씩 생겨나고 있다. 지난 8월 뉴욕 브루클린에는 HANKI(한끼)라는 한국음식점이 문을 열었다. 창업주는 고민 끝에 해외 창업을 선택했고, 그 과정은 그리 복잡하지 않았다고 말한다. 뉴욕에 한식당을 차린 창업주 김영훈(36) 씨의 창업과정을 따라가 봤다.

현재 대한민국은 프랜차이즈·소규모 창업 무한 경쟁시대라고 해도 과언이 아니다. 골목골목마다 없는 곳이 없는 치킨집, 커피숍, 편의점 등 대부분이 소규모 창업이다. 100세 시대가 되면서 은퇴 후 조그마한 커피숍을 차리는 사람들부터 회사를 다니면서 투자 개념으로 공동으로 편의점을 차리는 사람들도 있다. 청년 취업난이 장기간 이어지면서 청년들까지 취업보다 창업에 나서는 경우도 많다. 그러다 보니 소규모 영세상인들끼리 무분별한 경쟁에 내몰리는 상황까지 치달았다.

건대입구역 번화가에서 작은 커피전문점을 운영했던 김 씨는 "커피를 워낙 좋아해 대학을 졸업함과 동시에 커피전문점을 차렸다"면서 "하지만 가게를 차리고 한 2년쯤 지나 자리가 잡혀가는 도중 소규모 카페 바람이 불면서 프랜차이즈부터 개인까지 우후죽순처럼 너무 많은 가게가 생겨났다"고 전했다.

2011년 테이크아웃 전문 커피전문점을 차린 김 씨는 결국 2년간 그럭저럭 운영을 해왔다고 말했다. 하지만 커피전문점 창업열풍이 불면서 우후죽순처럼 가게들이 늘어났고, 지난해 카페를 접을 수밖에 없었다. 무한경쟁에 내몰린 사람들은 이제 해외로도 눈을 돌리고 있다. 한국에서 개인사업체를 운영하고 있는 김영훈(36) 씨는 고민 끝에 국내가 아닌 해외를 선택했다. 김씨는 "한국에서 자그마한 가게를 하나 차려볼까 고민하다가, 아이들 교육도 생각하게 됐고, 자연스레 해외 쪽도 알아보게 됐다"고 전했다. 고민 끝에 김씨가 알게 된 것이 미국의 소액투자자 비자라고 불리는 E-2 비자다.

'미국의 소액투자비자(Treaty Investors), E-2, 배우자는 취업허가증, 자녀들은 영주권자와 같은 교육 받는다'

김영훈 씨가 선택한 국가는 바로 미국이다. 김 씨는 "한국에서도 사업체를 운영하기 때문에 가족이 다 넘어가더라도 저는 자유롭게 오고 갈 수 있어야 했고, 아이들에게는 선진화된 교육을 받게 해주고 싶은 바람도 있었다"면서 "여러 국가를 고민한 끝에 미국 뉴욕에 창업을 할 수 있는 기회를 가질 수 있었다"고 전했다.

미국의 E-2 비자란 개인이 투자를 통해 미국에 있는 기존 사업체를 인수하거나, 신설 사업체를 설립하는 경우 신청할 수 있는 투자비자인데 투자이민과는 다르다. 상대적으로 적은 금액의 투자비용으로 미국 내에서 경제활동을 하려고 할 경우 신청해 발급 받을 수 있으며, 일반적으로 '소액투자 비자', 또는 '사업비자'로 알려져 있다.

----- 중략 -----

◇ 미국 프랜차이즈 아닌 한국 프랜차이즈로 진출

사실 국내에 투자처를 찾지 못하고, 자녀 교육 등 문제로 해외로 눈을 돌리는 사람들을 위해 많은 컨설팅 업체에서 미국의 E-2 비자를 소개하고 있다. 하지만 대부분 해외 당사국 내의 음식 프랜차이즈인 경우가 많다. 하지만 김영훈 씨는 우리 한식을 들고 한국인 거주비율이 5%로 안 되는 뉴욕 브루클린 파크슬로프(PARK SLOPE)에 음식점을 열었다.

이렇게 최초로 미국 내에 한국 프랜차이즈 창업을 선보인 곳은 바로 (주)스티븐스다. (주)스티븐스의 최용준 미국지사장은 "국내 프랜차이즈 최초로 직접 미국 E-2 비자와 연계해 길을 만들었다"면서 "국내 프랜차이즈의 뉴욕 핫도그앤커피의 미국진출로 직접 현지에서 생활하며 한국 사람들이 좀 더 쉽게 창업할 수 있는 한식을 메뉴로 3년 동안 프로그램을 짰다"고 설명했다.

그렇게 HANKI(한끼)라는 브랜드가 탄생했다. 제철음식을 컨셉으로 메뉴도 계절마다 바뀐다. 최용준 지사장은 "식재료가 다르기 때문에 하나하나 모든 것을 다 새로 만들었다고 보면 된다"면서 "한식 조리학교와 외국에서 생활했던 유명 셰프가 함께 메뉴를 짜고 쉬운 레시피화를 진행했다"고 설명했다.

김영훈 씨는 "모르는 외국 프랜차이즈보다 당연히 우리 한식이라 생소함이 덜하고, 레시피도 잘 제공돼 어렵지 않다"면서 "손님 대부분이 외국분인데 다들 좋아하시고 벌써 단골고객도 생겼다"고 전했다. 김영훈 씨가 뉴욕에 연 1호점을 시작으로 미국 내 한끼(HANKINYC.COM)는 캘리포니아에 2호점이 계약돼 오픈을 준비 중이고 3호점도 계약을 서두르고 있다.

(출처: M이코노미뉴스, 2016. 10. 10)

2-1-6 투자 지분별 해외직접투자의 현황

해외현지법인의 경영권의 소유 여부를 파악할 수 있는 한국기업의 FDI에 대한 투자 지분별 분포가 〈표 2-7〉에 나와 있다.

〈표 2-7〉 투자 지분별 FDI 추이

(단위: 백만 달러, 건수)

투자지분 \ 연도		1990	1995	2000	2005	2010	2015
10%미만	투자액	10	160	125	60	104	462
	신규법인수	4	26	97	35	17	15
10%-49%	투자액	107	280	514	752	3,005	2,567
	신규법인수	54	246	357	574	394	385
50%	투자액	101	141	71	216	195	749
	신규법인수	35	132	107	184	101	96
51%-99%	투자액	319	1,025	778	1,128	3,797	8,026
	신규법인수	79	280	241	488	257	336
100%	투자액	537	1,625	3,802	5,133	17,556	15,426
	신규법인수	173	664	1,316	3,169	2,121	2,070
합계	투자액	1,074	3,231	5,290	7,288	24,658	27,231
	신규법인수	345	1,348	2,118	4,450	2,890	2,902

자료원: 〈표 2-1〉과 동일.

〈표 2-7〉에서 알 수 있듯이 한국기업은 합작투자보다는 단독투자(100% 지분소유)를 더 선호하는 경향이 뚜렷이 나타나고 있으며, 이러한 추세는 2000년대 이후에 더욱 강화되고 있다. 1990년대에는 투자액과 신규법인수 기준 모두 단독투자의 비중이 50% 수준이었으나 2000년 이후부터는 70% 수준을 상회하고 있다.

그리고 합작투자만 놓고 볼 때도 51% 이상의 다수 지분을 소유하는 비중이 역시 절반 이상을 차지하고 있다. 따라서 단독투자와 다수 지분을 합친 비율, 즉 한국기업이 현지법인의 경영권을 확보하고 있다고 추정되는 비율이 85%를 넘어서고 있다.

한국기업의 단독투자에 대한 선호 경향을 단적으로 보여주는 사례가 1996년 현대자동차의 인도 진출 사례이다(아래 [사례 2-3] 참조). 당시 인도에서는 외국인 투자법인의 100% 지분 소유가 허용되지 않았으나 현대자동차는 인도 주정부와의 끈질긴 협상 끝에 외국기업으로서는 처음으로 단독투자의 허가를 받아냈다.

이는 현지의 합작파트너로부터 얻을 수 있는 이점들(예를 들면 현지시장에 대한 지식, 자본, 현지정부와의 협상력 등)을 포기하면서까지 해외법인에 대한 단독 경영권을 고수한 결과였다. 이러한 사례에서 보듯이 한국기업들은 합작투자의 단점들(예를 들면 경영권 분쟁으로부터 파생되는 손실과 기업의 노하우 유출에 따른 피해 등)을 다소 크게 의식하는 경향이 있는 것으로 보인다.

[사례 2-3] "현대자동차, 인도 최초 단독투자 쾌거"

인도를 알려면 인도의 경제상황을 살펴보지 않을 수 없다. 인도 면적은 3백28만 km2로 세계에서 7번째로 큰 나라이며 한반도의 약 15배에 해당한다. 지난 해 인도의 국민총생산(GNP)은 1인당 2백8달러로 아주 낮은 수준이나 1991년 이후 매년 4~6% 수준의 경제성장률을 보이고 있다.

안내자는 전체 인구의 약 20%인 2억정도가 중산층이라고 말한다. 또 인도는 10억인구를 먹이로도 남을 농산물을 생산, 현재 수출하고 있다. 길거리의 몰려다니는 걸인들에도 불구하고 말이다. 인도의 하층민은 높은 문맹률에도 인구통계에도 안 잡히는 소위 행정력이 미치지 못하는 부류이다.외국인이 길거리에서 걸인들을 보고 인도를 평가하는 것은 큰 오류를 범하는 것이며 인구대비 GNP는 사실상 의미가 없다. 대신 2억이나 되는 중산층 인구의 폭발적인 구매력이 발동하면 인도는 세계에서 중국모시 않은 엄청난 시장이 될 것이라는 분석이다. 실질적으로 지난 91년 라오정권이 '경제자유화'를 발표한 이후 인도 국민들은 서서히 자본주의 경제에 눈뜨기 시작했다.

자동차 분야에서 특이한 것은 길거리에 다니는 자동차 중 세단형 승용차는 대부분이 일본제 스즈키마루티(Maruti)이다. 마루티가 인도 자동차의 70%를 차지하고 있다는 것이다. 또 대우 시에로를 심심찮게 발견할 수 있어 기자들을 반갑게 했다. 대우는 인도 현지 생산법인인 DCM대우에서 지난해 7월부터 연간 6만대의 씨에로를 생산, 판매하고 있기 때문이다.

현재 인도의 자동차 생산업체는 마루티 우디오그(Udyog)사와 DCM대우, 시파니오토(SipaniAuto), 벤츠 인디아 등 4개사이다. 인도의 자동차산업은 우리나라가 자동차산업을 싹틔운 1950년대 중반보다 훨씬 빠른 1920년대 GM과 포드의 조립생산(KD)에서 시작됐다.

인도는 그러나 1947년 독립이후 1953년 외국메이커의 조립생산을 금지하면서 자동차 산업은 쇠퇴했다. 그 뒤 1983년 인도 정부가 스즈키와 50대 50으로 국민차를 생산하기 시작했다. 현재 인도자동차의 70%를 점하는 스즈키마루티는 이때부터 나온 차종이다.

인도의 시파니사(1백%)는 영국 로버사의 기술지원을 받아 1994년 말부터 연산 5천대의 2천 CC급 몬테고(Montego)를 생산하고 있다. 벤츠도 인도 텔코(TELCO)사와 51대 49의 합작으로 95년 10월부터 연산 2만대의 2천2백 CC급 E클래스 생산능력을 갖췄다.

도요타의 합작지분을 인수한 DCM 대우도 1995년 7월부터 씨에로의 양산을 시작, 현재 성공적인 판매에 나서고 있다.

또 현재 인도 진출을 결정한 업체는 현대를 비롯해 GM, 포드, 혼다, 푸조, 미쓰비시 등 세계 굴지의 자동차업체가 10여 개에 이른다. 그 중 가장 큰 대규모 투자는 최근 공장 기공식을 가진 현대자동차이다. 현대자동차는 투자규모나 자동차 생산능력, 투자방식에서 모두 타 업체에 비해 압도적이다.

우선 투자방식에서 인도가 외국업체에 1백% 단독투자를 허용한 것은 과거와 현재를 통틀어 자동차에서는 현대가 유일하다. 자동차 생산규모도 14년의 연륜을 가진 마루티에 이어 신규 업체로서는 최대인 연산 20만대 규모이다. 투자금액도 2001년까지 총 11억달러(약 9천억원)가 투자된다.

인도 정부가 현대에 1백% 단독투자를 허용한 것은 무엇보다도 현대의 기술이전과 고용창출 등에 매력을 느낀 듯하다.

(출처: 매일경제신문, 1996. 12. 18)

2-1-7 최근의 해외직접투자 동향 - 서비스 산업의 해외진출

앞서 살펴보았듯이 한국기업의 FDI의 업종별 패턴은 시대적 흐름에 따라 변화를 보여 왔다. 1970년대까지는 주로 1차 산업의 자원개발 목적의 투자가 주종을 이뤘으며, 그 후 1980년대를 거쳐 1990년대까지는 제조업을 중심으로 투자가 실행되었다. 2000년대 이후로는 제조업의 비중은 낮아지고 광업 및 부동산업 등에 대한 투자가 상대적으로 늘어나는 등 투자 업종의 다변화가 이루어지고 있다.

특히 최근 들어서는 서비스 산업의 FDI 증가 현상이 두드러지게 나타나고 있다. 아래 〈표 2-8〉은 4개의 주요 서비스 업종들의 FDI 증가 추세를 보여주고 있다.

〈표 2-8〉 주요 서비스 업종의 FDI 투자액

(단위: 백만 달러)

업종 \ 연도	2005년	2010년	2016년
전기, 가스, 증기 및 수도 사업	60.7	341.1	913.6
방송통신, 영상, 출판 및 정보서비스업	195.8	458.1	1,297.9
도매 및 소매업	1,056.7	1,581.5	5,700.5
금융 · 보험업	277.1	2,717.7	6,831.9

자료원: 〈표 2-1〉과 동일

〈표 2-8〉에 나와 있듯이 2005년 이후 주요 서비스 산업의 FDI 투자액의 증가율은 앞서 〈표 2-1〉에 나와 있는 한국기업의 총 FDI 투자액의 증가율에 비해 괄목할 정도로 높은 수준임을 알 수 있다.

서비스 산업은 무형재(서비스 재화)를 생산하는 산업으로서 유형재를 생산하는 제조업과 비교하여 그 특징에 있어서 몇 가지 차이점이 있다. 서비스 산업의 가장 큰 특징 중의 하나는 생산과 소비가 동시에 일어난다는 점이다. 이러한 특징으로 인해 서비스 산업은 재화를 미리 생산하여 저장을 한 다음 추후에 고객에게 판매를 한다는 것이 불가능하다. 따라서 엄밀히 말하면 국내에서 재화를 생산을 하여 이를 해외시장에 판매를 하는 수출이 사실상 불가능하며, 서비스 수출이란 의미는 바로 FDI에 의해서 이루어지는 것을 의미한다.

이러한 이유로 제조업이 일찍이 수출에 주력하는 동안에도 서비스 산업은 전통적으로 내수시장에 의존해 왔다. 서비스 산업의 수출이 불가능하다면 그럼 제조업의 FDI가 이미 1980년대 이후부터 활발하게 이루어지고 있음에도 불구하고 서비스 산업은 그 동안 왜 FDI에 소극적이었는가에 대한 의문이 생기는데 그 해답은 바로 서비스 산업의 특성 때문이다.

유형재를 생산하는 제조업체의 경우는 제품의 품질, 가격, 기능 등이 경쟁업체에 비해 우위에 있으면 국내뿐만이 아니고 전 세계 소비자들을 고객으로 쉽게 끌어들일 수 있다. 따라서 이런 경쟁우위를 갖춘 제조업체들은 일찍이 전 세계시장에서 글로벌 표준화 전략을 수행함으로써 막대한 이윤을 확보할 수 있었다(Levitt, 1983). 반면에 무형재에 대한 소비자들의 기호는 모국의 전통 문화와 시장 환경에 많은 영향을 받기 때문에 이러한 산업에 종사하는 기업들은 비록 특정 국가에서 성공을 했다고 하더라도 이질적인 문화와 시장 환경이 존재하는 타 국가에서는 성공을 한다는 보장이 없는 것이다.

서비스 산업이 제조업에 비해 FDI가 활발하지 못한 또 하나의 이유는 모기업의 지식 및 기술 등의 우위를 해외자회사에 이전시키기가 어렵기 때문이다. 제조업의 경우는 지식이나 기술을 매뉴얼 혹은 설계도면 등을 통하여 비교적 쉽게 이전시킬 수가 있으나 서비스 산업은 그러한 지식이 주로 조직구성원에게 체화되어(embedded) 있기 때문에 효율적인 지식 이전이 이루어지기 어렵다. 즉 서비스 산업의 경우에는 모기업의 직원을 현지에 파견하여 고객들을 직접 대면하는 현지 자회사의 직원들에게 암묵적 성격의 지식을 이전시키는데 따른 어려움이 있다.

이와 같은 이유로 인하여 서비스 산업은 제조업에 비해 해외진출의 속도가 더딜 수밖에 없었다. 즉 Porter(1985)의 표현에 의하면 그 동안 서비스 산업은 전통적으로 국가별 산업(multi-domestic industry)에 머물러 있었다. 국가별 산업이란 글로벌 산업(global industry)에 대응하는 개념으로서 각 국가마다 소비자의 기호와 정부의 규제가 현저히 다른 특성을 가지며, 따라서 이러한 산업에서는 기업들이 각 국가 시장에서 서로 차별화된 전략을 구사한다.

그러나 근래 들어서 기술 발전이 가속화됨에 따라 각국 소비자들의 수요 동질화 현상이 나타나고 정부의 규제가 완화되는 추세에 따라 시장의 글로벌화 현상이 확산되면서 제조업에 뒤이어 금융, 유통 등의 서비스 산업도 국가별 산업에서 점차 글로벌 산업으로 전환되기 시작하였다. 글로벌 산업에서는 한 시장에서의 경쟁우위가 다른 국가의 시장에서도 우위를 점할 수 있는 기반이 되기 때문에 기업의 해외진출이 활발히 이루어진다(장세진, 2016; p. 38).

최근 한국에서도 금융이나 유통뿐만이 아니고 전통적으로 내수산업의 특성이 강하고 기업의 독과점 현상이 심했던 전력, 통신 심지어 홈쇼핑과 주유소 사업 같은 서비스 업종도 해외진출이 점차 가속화되고 있다. 아래에 있는 사례들([사례 2-4]에서 [사례 2-8]까지 참조)은 최근 한국의 서비스 산업의 해외진출을 상징하는 홈쇼핑, 주유소, 유통, 통신, 그리고 전력 사업의 FDI 현장을 각각 보여주고 있다.

하지만 이러한 서비스 산업의 적극적인 해외진출에 대하여 다소 우려 섞인 시선도 공존하고 있다. 서비스 산업의 해외진출이 아직 초기 단계이지만 벌써 기업 실적의 악화로 인한 해외사업의 폐업 혹은 시장 철수의 소식이 들려오고 있다. 그 이유는 서비스 산업의 경우 아직 각국 시장의 환경 차이가 존재하는 상황에서 현지화의 실패가 주요 원인으로 지적된다.

유통업의 예를 들면, 이미 1997년에 중국시장에 진출하였던 한국 유통업계의 최강자인 이마트가 2005년 중국 유통시장의 개방에 힘입어 한때 27곳까지 확대하였던 매장을 최근 7개까지 줄였으나 그 마저 적자를 버티지 못하고 2개의 매장을 추가로 폐점시킬 계획이라는 소식을 전하고 있다(MK뉴스, 2017. 3. 6). 이는 한국 서비스 기업의 해외진출이 결코 만만치 않은 과제임을 알리는 신호라고 볼 수 있다.

[사례 2-4] 국내 홈쇼핑 업체들의 해외 진출

"홈쇼핑 업계 해외 진출 '순풍"

중국, 대만 등 해외에 진출한 국내 홈쇼핑 업체들이 순조로운 출발을 보이며 해외 소비자의 눈길을 사로잡고 있다. 1일 업계에 따르면 CJ홈쇼핑은 중국 상하이미디어그룹(SMG)과 합작, 지난 해 4월 '동방CJ홈쇼핑'을 설립했다.

현재 하루 5시간 상하이와 인근 지역 580만 가구를 대상으로 방송하고 있다. 하루 매출액은 1억~1억5천만 원으로 지난해 4월 1일 첫 방송을 시작한 이후 9개월 동안 약 300억 원의 매출을 올렸다. 고가 상품 위주 판매, 1주일 내 반품, 환불 보장 등 차별화된 전략으로 사업 초기 중국 소비자의 신뢰를 얻는데 성공했다고 CJ홈쇼핑 측은 말했다.

동방CJ홈쇼핑은 올해 쑤저우, 항저우, 우시 등 장쑤성 주요 도시에 방송을 시작하고 장기적으로는 장쑤성, 저장성 등 화둥 지역 전역으로 방송을 확대할 계획이다. CJ홈쇼핑 장영석 부장은 "동방CJ홈쇼핑을 통해 지속적인 성장 기반을 구축하고 아시아 1위의 온라인 유통회사로 도약할 수 있는 발판을 마련했다"고 말했다.

지난해 8월 대만 금융회사 푸방 그룹과 합작법인을 설립한 우리홈쇼핑은 1일 '모모홈쇼핑'을 개국하고 대만 홈쇼핑 시장 공략에 나섰다. 모모홈쇼핑은 대만의 64개 SO(종합유선방송사업자) 중 14개 SO를 확보해 지난 해 12월 1일부터 90만 가구를 대상으로 시험 방송을 시작했으며, 1월 중순부터는 52개 SO를 통해 385만 가구를 대상으로 방송하고 있다. 하루 매출액은 2억5천만~4억 원, 1월 한달 동안에만 약 74억 원의 매출을 올렸다.

모모홈쇼핑은 올 연말까지 SO를 56개로 늘려, 400만 가구를 대상으로 방송을 내보내 연간 1,800억 원의매출을 올리고 2006년 말까지 64개 SO를 확보해 2007년에는 6,120억 원의 매출을 달성한다는 목표다.

우리홈쇼핑은 대만을 해외 진출의 교두보로 삼아 중국, 미국, 동남아 등으로 해외시장 진출을 다각화할 계획이다.

(출처: 연합뉴스, 2005. 2. 1)

"내수산업 해외로... 해외로 - GS홈쇼핑"

지난 4월 1일 중국 충칭시의 유일한 방송사인 충칭TV에서 우리나라의 홈쇼핑 방송이 전파를 타기 시작했다. GS홈쇼핑이 지난 1월 말 충칭TV와 5년간의 장기 송출계약을 마치고 이날부터 매일 오전 9시 반과 오후 1시, 두 시간씩 두 차례에 걸쳐 방송을 내보내기 시작한 것이다. 중국법인인 충칭GS쇼핑은 국내에서 합작형태로 진출한 다른 홈쇼핑사와 달리, 소매업 허가를 받고 운영되는 100% 출자 독립법인이다.

충칭시는 베이징, 텐진, 상하이와 함께 중국의 4대 직할시 중 하나로 인구 3,200만 명, 가시청가구 850만에 달하는 서부개발 중점 도시로서 GS홈쇼핑은 향후 추가 사업 진출에 편리한 전략적인 지역이라는 점을 감안해 충칭시에 해외 진출의 닻을 올렸다. 또 충칭 사람들의 성향이나 풍토가 한국인들과 매우 비슷하기 때문에 한국식 홈쇼핑을 적용하기는 최적의 요건을 갖췄다는 것이 회사 측 설명이다.

GS홈쇼핑은 올 초부터 충칭에 본사 인력 10명 가량을 파견하고 현지 우수한 인력을 채용, 법인 설립과 서비스 개시를 위한 준비에 박차를 가해 왔다. 정확한 배송을 위해 중국 최고 택배사인 택급송과 제휴를 맺고 3일 배송 시스템도 완비했다.

4월부터 본격적으로 시작된 충칭GS쇼핑 방송과 상품 판매는 아직은 시범 운영 수준이다. 한국에서 중국 호스트들을 기용해 사전 제작한 방송 테이프를 현지에서 방영하는 방식으로 LG전자, Sony 가전제품, LG생활건강 화장품 등 중국에 진출한 유명 업체의 상품들과 한국에서 GS홈쇼핑을 통해 히트한 상품들을 선보이고 있다.

앞으로 매출 동향을 지켜본 후 중국 현지에서의 방송 제작 및 GS홈쇼핑 상해사무소와 협력하에 중국 및 세계 전역의 우수 상품 발굴에도 앞장설 계획이다. 충칭TV 6번 채널을 통해 현재 4시간 방송되는 프로그램 방영 시간도 조만간 충칭TV 9번까지 확대해 총 8시간으로 늘릴 계획이다.

향후 3년 동안 충칭GS쇼핑에 단계적으로 1,500만 달러를 투자한다는 계획도 세운 상태이며, 또 충칭GS홈쇼핑을 중국 진출의 교두보로 삼아 상하이, 광저우 등 중국내 다른 지역으로의 진출은 물론, 중국 이외에 동남아 지역에 대한 진출 기회도 꾸준히 모색하고 있다고 회사측은 전했다.

물론 아직은 중국 시장에서의 경영에도 어려움이 따른다. 충칭GS쇼핑의 임동성 본부장은 "중국에선 광고식 인포머셜 홈쇼핑이 일반화 돼 있어 홈쇼핑방송에 대한 신뢰도 자체가 높지 못한 상황"이라며 "기존 홈쇼핑과의 차별화, 브랜드 경쟁력 강화를 위해 기존 업체들이 주로 취급하던 이·미용, 건강식품은 철저하게 지양하고 첨단기기와 생활용품 중심으로 운영하고 있다"고 설명했다.

출범 4개월 가량의 신설 업체이니만큼 매출도 아직은 미미한 수준이다. 락앤락, 쿠쿠밥솥, 아망떼 침구 등이 좋은 반응을 얻고 있지만 아직은 매출 목표를 정해두지 않고 있다. 임 본부장은 "사업 개시 첫 해인 올해는 홈쇼핑 문화에 대한 이해를 높이는 시기로 잡고 사업 안정화에 주력한다는 전략"이라며 "내년 초부터 본격적인 투자를 시작해 오는 2007년 손익분기점을 넘어서 흑자 경영으로 돌아선다는 계획을 세워놓고 있다"고 말했다.

(출처: 서울경제신문, 2005. 7. 28)

[사례 2-5] "SK(주) - GS칼텍스, 중국 주유소 시장서 격돌"

국내 2위 정유사인 GS칼텍스가 중국 주유소 사업에 진출, 선발업체인 국내 1위 SK와 경쟁을 펼친다. GS칼텍스는 특히 그동안 해외 진출의 걸림돌로 작용했던 대주주인 미국 쉐브론텍사코와 합의 아래 최초로 해외 사업에 나서는 것이어서 GS의 중국 내 향후 행보에 업계의 관심이 집중되고 있다.

GS칼텍스는 지난 18일 중국 칭다오시 칭다오경제기술개발구에서 GS칼텍스 주유소 1호점 기공식과 중국 현지법인인 GS칼텍스(청도)석유유한공사의 현판식을 가졌다. 이날 행사에는 허동수 GS칼텍스 회장이 참석, 중국사업에 대한 열의를 짐작케 했다.

GS칼텍스의 중국 내 1호 주유소는 오토오아시스(자동차경정비점)와 자동세차시설 등이 함께 설치돼 복합주유소 형태로 운영된다. GS칼텍스는 주유소와 현지법인에 총 500만달러를 투자하며 올해 말까지 칭다오에 2개 이상의 주유소를 추가로 지을 계획이다.

이에 앞서 SK(주)는 지난해 계열사인 SK네트웍스를 통해 국내 업체 최초로 중국 주유소사업에 진출했다. 중국 선양시와 단둥시에 올해 말까지 총 40여개의 복합주유소를 설립한다는 계획이다. SK(주) 신헌철 사장은 지난해 10월 'SK네트웍스와는 별도로 베이징 상하이 등 중국 내 핵심도시에 수천개의 주유소를 세울 계획'이라고 밝혔었다.

(출처: 한국경제신문, 2006. 2. 19)

[사례 2-6] "이마트 · 롯데마트, 중국 아픔 딛고 다시 해외로... 이번엔 동남아"

국내 대형마트 1, 2위 업체인 이마트와 롯데마트는 일찌감치 '중국시장'에 진출했다가 '실패'라는 쓴 맛을 봤다. 이마트의 경우, 중국 점포들을 하나둘 정리해가며 국내시장에만 집중했을 정도로 실패의 아픔은 얼얼했다. 하지만 국내만 바라볼 수만은 없는 상황이다. 영업규제 강화, 내수소비 침체로 유통업황이 침체된 데다 소셜커머스와 같은 신규 경쟁자가 가세하면서 대형마트의 설 자리가 좁아지고 있다. 이에 두 마트는 다시 해외시장으로 눈을 돌리고 있다. 이번엔 중국보다 동남아 시장에 주력하는 등 전략도 새로 수립했다.

◇ 이마트, 베트남 '현지화'와 '수출 강화'로 돌파구 모색

이마트는 1997년 중국 상해에 1호점을 내면서 해외시장에 처음 진출했다. 이후 이마트는 중국 내 매장을 28개까지 늘렸지만, 쌓이는 적자를 견디지 못하고 2011년부터 구조조정을 실시했다. 현재 중국에 남아있는 이마트 점포는 8개에 불과하다. 잠시 해외시장 확장을 멈췄던 이마트는 지난해부터 다시 '해외시장 공략'을 재개했다 전략기지는 베트남이다. 이마트는 작년 12월 베트남 1호점 호치민 고밥점을 오픈했다. 중국시장의 실패요인으로 꼽혔던 '현지화'를 최대한 구현하고자 노력한 매장이다. 이를 시작으로 이마트는 베트남에서 점포를 확장해 나갈 계획이다.

아울러 수출도 강화한다. 이마트는 올해를 '수출 원년의 해'로 선포하고 수출 목표액을 4,000만 달러(한화 약 460억 원)로 설정했다. 작년 수출액(79억 원)의 5배다. 하지만 목표 달성은 충분할 것으로 보인다. 지난 3월 미국 MBC아메리카 홈쇼핑(올해 10억 원 규모 예상)과 중국 IT기업 넷이즈(해외직구 전문사이트 카올라닷컴, 매년 200억 원

규모)와 상품수출 계약을 잇달아 체결했고, 작년 3월부터 중국 전자상거래 기업 알리바바가 운영하는 T몰에 들어간 '이마트 전용관'도 성과를 내고 있다. 특히 올 1분기 이마트의 수출액(65억 원)이 전년 동기(3억 원)보다 2,067%나 늘어난 것은 'T몰 입점'의 공이 컸다.

이 같은 '투트랙 전략'을 통해 그간 떨어지던 이마트의 해외매출 비중도 다시 오를 것으로 기대된다. 이마트의 올 1분기 해외매출 비중은 1.9%로 전년 동기보다 0.3%포인트 하락했다. 국내매출(3조5,606억 원)은 7.1%(2,356억 원) 늘어난 반면, 해외매출(694억 원, 수출액 포함)은 6.2%(46억 원) 떨어졌기 때문이다. 이마트는 앞서 2013-2015년에도 해외매출이 점차 줄면서 해외배출 비중이 3.4%(해외매출 4,380억 원)에서 1.6%(2,194억 원)로 떨어졌다. 중국 내 점포를 정리했기 때문이었다. 이마트 관계자는 "올해 임차 매장 하나의 계약이 만료되기는 하지만 기본적으로는 현 점포 수를 유지하자는 분위기'라고 말했다.

◇ 롯데마트, 중국 힘 빼고 인도네시아 · 베트남 집중

롯데마트도 '중국'이 첫 해외 진출국이었다. 롯데마트는 2007년 중국 마크로사의 8개 점포, 빅마트 수퍼마켓 체인 14개 점포를 인수하면서 중국시장에 첫 발을 내딛었다. 2009년에는 중국 마트타임즈(점포 65개)도 100% 인수했다. 수차례의 M&A(인수합병)를 통해 롯데마트는 단숨에 중국 내 수십 개의 점포를 갖게 됐다.

하지만 롯데마트 역시 중국에서 이렇다 할 성과를 거두지 못했다. 글로벌 업체들에 비해 늦은 진출로 베이징, 상하이 등 주요 대도시에서 자리를 잡지 못한 탓이다. 다른 중소도시로 눈을 돌려도 봤지만 물류센터, 매장 확보에 어려움을 겪었다. 이 탓에 롯데마트는 중국에서 적자가 계속 쌓였다. 이는 신동주 전 일본 롯데홀딩스 부회장이 신동빈 회장이 지닌 롯데그룹 경영권을 노리게 되는 빌미를 제공한 여러 배경 가운데 한 이유이기도 하다.

롯데마트는 이제 인도네시아 시장을 주목하고 있다. 롯데마트는 2008년 인도네시아 마크로 19개점을 인수, 국내 유통업체 최초로 인도네시아에 진출했다. 인구 수(2억4000만 명)가 세계 4위인 데다, 현지 대형마트 시장이 2002년부터 최근까지 연평균 30%씩 신장한 '성장 가능성'이 높은 시장이어서다.

또 베트남 시장도 주목하고 있다. 첫 매장은 2008년 남사이공점이다. 남사이공점은 마트 외 영화관·레스토랑·볼링장 등을 들여 현지 유통업체와의 차별화를 꾀한 것이 큰 특징이다. 현재 롯데마트의 인도네시아 점포 수는 43개, 베트남은 12개다. 초반 집중했던 중국시장에서 힘을 빼고, 두 시장에 집중한다는 방침이다.

롯데마트도 인도네시아와 베트남 시장이 새로운 수익원이 돼줄 것으로 기대하고 있다. 올 1분기 롯데마트의 해외매출은 6,440억 원으로 작년 동기보다 0.2%(10억 원) 줄었다. 이러한 해외매출 감소세는 2013년부터 이어진 것이다. 롯데마트는 이 기간 해외점포 수가 계속 늘었음에도 매출은 매년 감소했다. 2013년 2조7,550억 원, 2014년 2조5,180억 원, 2015년 2조5,300억 원 순이다. 다만 국내매출도 같이 줄면서 해외매출 비중은 29%대를 유지해왔다. 해외매출 하락세의 주범은 중국이다. 중국은 2년 새 매출이 18%(2,840억 원) 감소했다. 반면 점포 수는 107개(2013년 말)에서 116개(2015년 말)로 늘어났다.

(출처: CEO스코어데일리, 2016. 7. 18)

[사례 2-7] 국내 통신 업체들의 해외 진출

"KT, 르완다와 LTE합작사 설립 – 개도국 시장 여는 시금석"

KT가 아프리카 통신 서비스 시장에 본격 진출한다. 지난 6월 르완다 정부와 4G LTE(롱텀에볼루션) 합작회사를 설립하기로 합의하고, 올 하반기 중 법인 설립 작업을 거쳐 내년부터 본격적인 영업에 들어갈 계획이다.

LTE를 이용해 음성 통신은 물론 인터넷을 르완다 전국에 설치하고, 교육·의료·금융 등 여러 서비스와 결합하는 사업이다. 이를 아프리카의 ICT(정보통신기술) 진출 허브로 삼겠다는 것이 KT의 전략이다. 이번 사업은 단순 통신 사업자가 아니라 르완다 정부와 합작 법인을 설립해 국가 기간망을 운영하는 새로운 사업자 모델을 도입한 것이 특징이다.

KT는 르완다 사업의 경험을 바탕으로 아프리카 국가는 물론 중남미 등 저개발 국가에 새 사업방식을 확대할 예정이다. 2015년까지 그룹 매출 목표의 10%(3조9,000억 원)를 해외에서 거두려는 KT의 시도가 성공할지 주목된다.

◇ 동아프리카 시장 진출의 교두보

국내 이동통신사들은 10여 년 전부터 지속적으로 해외 시장을 공략해왔다. 세계 최고 수준의 이동통신·인터넷 보급률을 자랑하는 국내 시장은 이미 포화 상태여서 한계가 있기 때문이다. 하지만 해외 진출에서 성공을 거둔 사례는 많지 않다. 양승우 삼성증권 통신서비스 담당 애널리스트는 "어느 나라건 통신사가 해외로 진출하는 게 쉽지 않다. 이해관계자가 많고 투자규모도 크다. 게다가 허가권을 가진 정부와의 관계도 또 하나의 변수"라고 말했다. KT는 지난해 남아프리카공화국 통신시장 진출을 시도했지만 현지 정부의 인가를 얻지 못해 실패한 바 있다.

이 상황에서 KT가 아프리카 시장 공략의 교두보로 르완다를 선택한 것에는 여러 이유가 있다. 폴 카가메 대통령이 2000년 취임한 뒤 르완다는 정치 안정 속에 경제가 발전하는 중이다. 르완다의 지정학적 위치도 관심을 끈다. KT그룹 코퍼레이트 센터장 김일영 사장은 "르완다는 브룬디·케냐·탄자니아·우간다와 함께 동아프리카공동체(EAC)를 구성하는 5개국 중 하나다. 이들 나라를 합치면 면적 180만km^2, 인구 1억3,000만 명이다. 르완다 자체는 작은 나라지만 밀접하게 연결된 동아프리카 시장으로 열린 교두보 역할을 할 수 있다"고 말했다.

르완다 정부는 2020년까지 중진국 수준으로 진입하겠다는 '비전 2020' 계획을 추진 중이다. 경제는 물론 사회통합과 교육·산업 발전을 망라하는 경제사회발전 계획이다. 문제는 경제 분야다. 국가 규모 등으로 볼 때 한국과 같은 제조업 중심의 산업화는 불가능하다. 폴 카가메 대통령은 초고속통신망(브로드밴드)에서 희망을 찾고 있다. 카가메 대통령은 개도국의 정보통신망보급을 관장하는 국제기구인 유엔 브로드밴드 위원회의 공동 의장을 맡고 있다. KT 이석채 회장도 지난 6월 국내에서 유일하게 이 위원회의 커미셔너로 선정돼 두 사람의 인연이 합작 사업을 진행하는 데 큰 도움을 줬다.

카가메 대통령은 브로드밴드가 르완다처럼 인프라가 부족한 저개발 국가의 발전 모델이 될 수 있다는 입장이다. 르완다가 동부·남부 아프리카의 정보통신기술(ICT) 허브가 되겠다는 목표도 세웠다. 이에 따라 2000년대 초반부터 현재까지 이미 2,300km에 이르는 광통신 기간망(백본)을 건설했다. 르완다의 경제 규모에 비해서는 엄청난 투자다.

◇ 이석채 회장, '르완다 모델' 개도국 전파

"한국 식당 같은 게 있을 리 없죠. 현지 식당에 갔는데 바퀴벌레가 사방에 득실득실해 기겁했던 기억이 납니다. 나중에는 벌레를 손으로 익숙하게 쫓아내며 식사를 하곤 했지요." 초기 르완다 사업을 개척했던 KT 이재우 매니저의 회고다. KT가 르완다에 첫 진출한 때는 2007년, 처음엔 우리 정부의 대외 원조 자금을 바탕으로 현지에 와이브로망을 건설하고 운용하는 것으로부터 시작했다.

아프리카 시장 진입은 생각보다 쉽지 않았다. 의식주 같은 기본 인프라도 열악했고, 현지 관행에 익숙하지 않아 실수도 많았다. 하지만 사람끼리 마음이 서로 통한다는 것도 알게 됐다. 이재우 매니저는 "정부 고위 관계자와 도무지 약속이 안 잡혀 무작정 사무실과 집으로 찾아가 문 앞에서 기다리기를 몇번이나 반복한 적이 있었다"고 말했다. 뒤늦게 사실을 알게 된 정부 관계자는 현지에서는 흔치 않은 동양인의 의지와 열정에 감동해 만남을 허락했고, 이후부터는 상당한 신뢰를 쌓을 수 있었다고 이씨는 전했다.

이런 과정을 거쳐 KT는 르완다 사업을 꾸준히 지속해 왔다. 52억원 규모의 와이브로망 구축에서 시장된 현지 사업은 광케이블망 구축, 국가 기간망 구축, 정보보안 사업 등 연간 수백억 원 규모로 성장했다. 하지만 어렵사리 완성된 르완다의 국가 기간망이 수요 부족이라는 벽에 부딪친 것이 문제였다. 해결책은 데이터 기반의 고속 무선통신 기술인 LTE였다. KT G&E 부문장 김홍진 사장은 "음성 중심의 과거 이동통신 기술과 달리 LTE는 데이터 기반이어서 르완다 소비자는 전화선이나 광통신 같은 중간 단계를 모두 건너뛰어 무선통신으로만 인터넷·데이터·음성 서비스를 받을 수 있다"고 말했다.

KT는 이를 위해 르완다 정부에 새로운 사업 모델을 제안했다. KT가 LTE기지국과 관련 장비·운영기술을 제공하고, 르완다 정부는 국가 자산인 기간망과 주파수를 25년간 제공하는 방식으로 합작회사를 만든 것이다. 공공 부문과 민간 부문이 힘을 합친 PPP(Public Private Partnership)방식이다. 사업권을 받은 KT는 현지 이동통신사나 인터넷 회사에 회선 이용권을 일종의 '도매'로 팔기 때문에 이를 'LTE 홀세일(Wholesale)'이라 부르기도 한다. 현지 통신사나 인터넷 회사는 자신들이 직접 기지국과 같은 인프라를 만들 때보다도 훨씬 싼 값에 회선을 이용할 수 있기 때문에 이익이다. 김 사장은 "르완다처럼 작은 국가에서 이동통신과 인터넷 수요가 생길 때까지 국민소득이 늘어나는 데는 몇 십 년이 걸릴지 모른다"며 "사업성을 위협하는 이런 한계를 넘어서자는 게 이번 프로젝트의 핵심 아이디어"라고 말했다.

KT는 르완다와의 사업 모델을 인근 국가로 확산시킨다는 목표를 세우고 있다. 이에 따라 이달 21일부터 뉴욕에서 열리는 유엔 브로드밴드 위원회 8차 회의에 이석채 회장이 참석해 공동의장인 카가메 르완다 대통령과 함께 변화 정상회의(Transform Africa Summit, TAS)에도 이 회장이 참석할 예정이다. 이 회의는 10여 개 아프리카 정상이 모여 아프리카의 개발 방안을 논의하는 자리인데, '르완다 모델'이 자세하게 소개된다. 이 회장은 "인프라가 취약하고 산업화가 더딘 저개발국가도 초고속통신망을 통해 지식기반 사회로 옮겨갈 수 있다는 '르완다 모델'이 주목을 받을 것"이라고 말했다.

'르완다 모델'은 KT만의 사업에 그치는 게 아니다. 여타 중소기업과의 공동사업도 추진 가능하다. 이 회장은 "한국은 통신 외에 게임이나 방송 등 콘텐트·물류·교육·의료·금융 등 브로드밴드를 통해 할 수 있는 다양한 사업을 경험했고 많은 성공 모델을 축적했다"며 "각 분야에서 세계적 경쟁력을 갖춘 중소기업들과 KT가 함께 진출하면 성공 가능성이 크다"고 설명했다. 그는 "르완다식 모델은 국내 기업이 참여해 저개발국 정부가 적은 비용으로 정보사회의 이점을 누리게 할 수 있는 윈-윈 모델"이라고 덧붙였다.

전문가들은 국내 통신회사들의 해외시장 진출이 더 이상 미룰 수 없는 과제인 만큼 치밀한 전략이 필요하다고 조언한다. 양승우 삼성증권 애널리스트는 "국내 시장만으로는 성장에 한계가 있어서 해외에서 활로를 찾는 것은 당연하다"며 통신 외에 게임·교육 등 다양한 부가 서비스를 함께 할 수 있는 사업 모델이라야 성공 확률이 높아진다"고 말했다.

(출처: 중앙선데이, 2013. 9. 1)

"이통사 해외 진출 '파란불'켜지나 · · · KT 이어 SKT도"

포화상태인 국내 통신시장에서 제로섬 게임을 하고 있는 이동통신사들이 해외로 눈을 돌리고 있다. KT가 르완다와 손잡고 신성장동력을 확보한 데 이어 SK텔레콤이 태국 국영통신사업자와 시장조를 시작했다. 번번이 실패로 돌아갔던 이통사들의 해외진출이 이번에는 성과를 낼 수 있을지 관심이 모아진다.

K텔레콤은 11일 태국 국영통신사업자인 CAT와 함께 4세대(4G) 이동통신 사업 타당성 조사를 시작했다고 밝혔다. 방콕과 나코나완, 수판부리, 치앙마이주, 치앙라이, 콘캔, 시사껫, 핫야이, 파탈룽 등에서 시장 조사를 실시하면서 태국 진출 가능성을 타진한다는 방침이다.

이동통신 사업이 전 세계적으로 포화상태에 있는 현 시점에서 이통사의 해외 진출은 다른 업종에 비해 상대적으로 어렵다. 실제로 지금까지 시도된 KT의 러시아·말레이시아, SK텔레콤의 베트남·미국 알뜰폰 시장 진출은 모두 실패로 끝났다. 하지만 이번 KT와 SK텔레콤의 해외 사업은 아프리카와 동남아시아 진출의 신호탄이 될 수도 있다는 점에서 눈여겨볼 만하다.

SK텔레콤이 검토 중인 태국은 스마트 기기 확신이 빠르게 진행되고 있어 사업성이 높게 평가된다. 2012년 기준 인터넷 사용 인구는 전체(6400만 명)의 40%(2,600만 명) 수준, 특히 올해는 4G 서비스의 초기 도입으로 지난해보다 2배 증가한 5,200만 여명이 인터넷을 사용할 것으로 예상된다.

또 ICT 강화를 위한 태국 정부의 노력도 긍정적인 요소다. 태국 정부는 2009년부터 정보통신 및 ICT 강화를 위해 '2차 국가 ICT 마스터플랜(National ICT Masterplan)'을 추진하며 ICT 산업의 전체 국내총생산(GDP) 비중을 15%까지 확대한다는 전략을펼치고 있다.

SK텔레콤보다 먼저 해외로 진출한 KT는 아프리카 르완다에 이어 케냐 통신 시장 진출에 성공했다. KT는 르완다 정부와 민간협력 사업을 추진하고 있다. 르완다가 많은 비용을 들이지 않으면서 빠르게 브로드밴드를 구축할 수 있도록 하는 것이 사업의 골자다. KT는 1,500억 원을 투자해 3년 이내에 르완다에 LTE 전국망을 구축할 계획이다. 향후 25년에 걸쳐 4G LTE 네트워크 도매 독점 사업권 및 광대역 주파수를 할당받아 르완다 내에서 통신사업자를 대상으로 서비스를 제공하게 된다.

또 지난 달 31일에는 우후루 케냐타 케냐 대통령 초청에 따라 회담을 진행, KT가 르완다에서 진행하고 있는 사업모델을 케냐에도 적용할 것을 합의했다. 케냐 정부와 4G LTE 기반의 모바일 브로드밴드 네트워크를 구축하고 이와 관련된 서비스를 제공하는 IT서비스 회사를 합작투자 형태로 설립할 예정이다. 이를 위해 양쪽이 공동 참여하는 사업 협의체(Task Force)를 구성, 사업을 추진한다.

(출처: 아시아경제, 2013. 11. 11)

[사례 2-8] 한국전력(주)의 해외진출

"글로벌 에너지 자원 현장을 찾아 – 한국전력, 글로벌 '한전의 불빛' 퍼진다"

에너지 공기업인 한국전력이 글로벌 에너지 경영에 박차를 가하고 있다. 한계에 도달한 국내시장에서 벗어나 필리핀 외딴 섬에서 광활한 중국 아프리카 오지에 이르기까지 전력시장 개척에 나서고 있는 것이다. 한전은 우선 동남아의 필리핀에 진출해 민간 발전사업자로 성공을 거두고 있고, 앞으로 아프리카, 중동, 아시아 등 신흥 전력시장 진출을 서두르고 있다.

◇ 해외 진출은 새로운 시장 확보차원

한전이 해외사업을 강화하고 있는 것은 국내 전력시장이 한계에 도달했기 때문이다. 한전 관계자는 "현재 우리나라의 전력수요 증가율은 5~6% 정도로 이 추세가 지속되면 2015년에는 2~3%대로 떨어질 것으로 예상된다"면서 "이에 따라 새로운 수익을 창출할 수 있는 신 성장 동력으로 해외사업을 추진하고 있다"고 설명했다.

게다가 고유가로 각국의 에너지 자원 확보 경쟁이 날로 치열해지고 있는 것도 한 요인이다. 발전 원가에서 연료비가 60%를 차지하는 만큼 발전연료 확보가 무엇보다 중요한데 해외 석탄광산이나 유전개발을 통해 발전 연료를 더욱 더 저렴하고 안정적으로 확보할 수 있기 때문이다.

아울러 교토의 정서 발효로 청정개발체제(CDM)가 출범함으로써 한전은 저개발 국가의 노후된 발전소 성능을 개선하는 '브라운필드사업'이나 풍력 등 신재생에너지사업에 진출해 절감된 온실가스 배출량을 우리나라의 의무부담 이행에 크레딧(탄소 신용)으로 인정받는 부가수익을 얻을 수도 있다.

◇ 필리핀에서는 이미 성공 거둬

이길구 필리핀 법인 사장은 “필리핀 정부가 90년대 초 최악의 전력부족 사태를 겪은 후 민간자본을 끌어들여 전력부족을 해결하려고 나섰다”면서 “한전은 95년 650MW의 말라야 발전소 인수를 시작으로 2002년에 1,200MW의 일리한 발전소를 자체 건설했다”고 설명했다.

그 결과 한전은 현재 필리핀에서 미국의 미란트(Mirant)에 이어 제2의 민간 발전사업자로서 성공했다. 필리핀 전력의 12%를 담당하고 있을 정도다. 순이익 규모로 필리핀 10대 기업에 들 정도로 급성장했다.

한전은 여기에 그치지 않고 2009년까지 필리핀에 총 2,850MW의 발전설비를 갖출 계획이다. 이를 위해 한전은 지난 연말 세부에 200MW의 석탄화력발전소 착공식을 갖고 200MW급의 나가(Naga)발전소에 대한 지분 인수계약도 체결했다. 또 600MW의 일리한발전소 증설 사업 양해각서(MOU)도 체결했다.

세부 발전소 착공식에서 한준호 한전 사장은 “세부발전소는 필리핀에서 3번째 발전사업으로 필리핀 정부가 적극 요청해 이뤄졌으며, 한전의 기술력을 인정받고 있는 셈”이라고 강조했다.

◇ 아프리카, 중동에도 진출

한전은 필리핀에서 거둔 성공을 바탕으로 아프리카, 중동, 아시아 등 신흥 전력시장 진출을 서두르고 있다. 한 사장은 최근 노무현 대통령의 아프리카 순방에 동행해 나이지리아, 이집트, 알제리 등에서 아프리카 대륙 진출을 위한 교두보를 확보했다.

아프리카 순방을 마치고 돌아온 한 사장은 23일 "나이지리아에서 2,250MW 가스발전소 및 1,200km 가스관로 건설운영사업에 참여할 수 있게 됐다"면서 "이는 에너지 산업 동반 진출 이라는 한국형 해외 자원개발 모델의 첫 번째 성공사례라는 점에서 대단히 큰 의미를 가지고 있다"고 평가했다.

한전은 2,250MW의 발전소와 가스관로 1,200km 건설이 이뤄지면 오는 2010년께 나이지리아 전체 전력공급의 20%를 담당할 것으로 전망된다. 여기에 필요한 33억 달러 규모의 각종 발전기자재, 가스관, 건설중장비 등 플랜트 수출 효과도 예상되고 있다.

◇ 중국과 베트남 시장도 노려

한전은 해마다 10% 이상의 전력수요가 발생하는 중국도 공략하고 있다. 오는 8월 하남성 무척에 10만KW의 발전소를 착공하고, 하남성 구리산에도 120만KW의 발전소 건설을 추진하고 있다. 또 깐수성 위먼에서는 풍력사업(4만9,000KW급)을 펼치고 있다.

오일 머니가 넘쳐나는 중동에도 진출하고 있다. 한전 관계자는 "중동지역은 매년 발전소 설비가 8% 이상 증가할 정도로 시장이 급성장하고 있다"면서 "지난 연말에 레바논 전력청이 발주한 87만KW급 발전소 운영정보사업 국제입찰에 참가해 낙찰자로 선정돼 지난 2월에 인수 작업을 마치고 운영을 시작했다"고 말했다. 한전은 향후 레바논을 거점으로 중동 발전시장에서도 사업영역을 계속 확대해 나갈 계획이다.

아울러 한전은 앞으로 베트남 시장에서 원전도입 용역사업 수주에서 출발해 향후 원전건설 주계약자로 선정될 수 있도록 하고, 장기적으로 베트남 사업 수주를 기반으로 동남아, 중국시장 등 세계원전시장에 진출할 계획이다.

(출처: 파이낸셜뉴스, 2006. 3. 23)

"한전, 美 태양광시장 첫 진출… 해외비중 20%로 확대"

– 美 30MW 태양광 발전소 인수 · 운영 계약으로 26년 동안 안정적 매출 확보
– 현재 22개국에서 사업 진행 중으로 작년 해외사업 매출 4.9조 달성

한국전력은 26일 오전 10시(현지시간) 뉴욕에서 칼라일 그룹의 자회사인 코젠트릭스 솔라 홀딩스와 콜로라도주 알라모사 카운티에 위치한 30MW급 태양광 발전소에 대한 지분인수 계약을 체결했다고 28일 밝혔다. 코젠트릭스 솔라 홀딩스는 세계 최대 규모 자산운용사인 칼라일 그룹이 발전자산 투자관리를 위해 소유하고 있는 자회사로서, 알라모사 태양광 발전소를 보유하기 위해 설립된 특수목적 법인이다. 이날 계약 체결식에는 조환익 한국전력 사장과 댄 다니엘로(Dan D'Aniello) 칼라일 그룹 회장이 참석했으며, 이 자리에서 양사는 향후 지속적인 협력관계 구축에 대한 MOU도 체결했다.

한국전력은 이번 인수를 통해 본격적인 미국 진출을 위한 현지기반을 확보하는 한편, 세계 최대 자산운용사인 칼라일그룹과의 전략적 협력관계 구축 MOU를 통해 북미지역에서 IPP(민자발전사업), 신재생사업(풍력, 태양광 등) 및 에너지 신사업(에너지저장시스템(ESS), 스마트그리드, 마이크로그리드 등)을 공동 추진하기로 했다. 한전은 국민연금 등의 국내 연기금으로 조성된 코파펀드(COPA Fund)와 함께 알라모사 태양광 발전소의 지분 100%를 인수해 올해 10월경 운영을 시작할 예정이며, 발전소 설비의 유지보수는 한전의 발전자회사에서 수행한다.

이번에 인수된 알라모사 태양광 발전소는 집광형 모율(High Concentration Photovoltaic)을 사용해 기존 일반 실리콘 모듈보다 성능이 개선됐으며, 최대효율 약 31%까지 발전이 가능하다. 또한, 생산된 전력은 (주)콜로라도 전력(Public Service Company of Colorado)과의 장기판매계약(PPA)을 통해 전량 판매되며, 사업기간 26년 동안 약 2억3,000만 달러(약 2,629억 원)의 매출을 올릴 수 있을 것으로 기대하고 있다. 향후 발전소 단지 내 유휴부지에 국내 기자재를 활용해 패널증설 및 ESS 설치 시 약 150억 원 가량의 수출증대 효과를 거둘 수 있을 것으로 예상된다.

한전 관계자는 "1995년 필리핀 말라야 발전소 성능복구 및 운영사업으로 해외사업을 시작한 이래 세계 최대 선진 전력시장인 미국에 최초로 진출하게 되었다는 점에서 의미가 있다"며 "북미 전력시장 진출을 위한 핵심 거점을 확보함으로써 해외사업을 한 단계 더 도약시킬 수 있는 발판을 마련할 것으로 기대가 된다"고 말했다. 한전은 이번 인수를 계기로 북미시장에서 신재생 에너지 및 에너지 신사업 등 신규 개발 사업을 국내 기자재업체들과 협력하여 더욱 활발히 추진해 나갈 계획이다.

현재 한전은 전 세계 22개국에서 화력, 원자력, 송배전, 신재생에너지, 자원개발 등 다양한 해외사업을 성공적으로 수행하고 있다. 한전의 2015년 해외사업 매출액은 4조9,000억 원으로, 2025년 해외분야에서 전체 매출액의 20%인 20조원을 달성하는 것을 목표로 역량을 집중하고 있다.

한편 조환익 사장은 최근 북미대륙과 중동, 아시아의 거점을 잇는 '한전 글로벌 에너지 벨트(KEPCO Global Energy Belt)' 구축계획을 발표하고, "고효율 에너지 사업 및 사업 다각화를 통해 전 세계를 대상으로 한전의 해외사업을 확대해 나가겠다"는 포부를 밝힌 바 있다.

(출처: 포커스뉴스, 2016. 8. 28)

2-2 해외직접투자에 대한 주요 이론

1960년대 이전까지만 해도 FDI에 대한 이론적 분석은 주로 거시금융 차원에서 국가 간 자본의 이동으로 설명하였다. 즉 투자 수익률이 낮은 국가로부터 수익률이 높은 국가로 자본이 이동하는 것에 초점을 맞추었다. FDI에 대한 의사결정은 결국 기업의 선택에 의한 것이며, 또한 FDI라는 행위를 해외자회사에 대한 경영권의 소유 문제와 분리해서 설명하기 어렵다는 측면에서 볼 때 거시금융 차원에서의 이론적 접근 방식은 사실 한계가 있다.

이후 산업조직론 혹은 미시적 관점에서의 FDI 이론이 1960년대 들어서 Hymer(1960)에 의해 처음으로 확립되었다. 그가 제시한 독점적 우위 이론을 기반으로 하여 그 후 내부화 이론과 절충이론이 뒤를 이어 등장하였다. 이 이론들은 기업의 FDI를 설명하는데 있어서 독점적 우위라는 개념을 기반으로 출발하여 서로의 한계점을 보완하였다는 점에서 동일한 계열의 FDI 이론들이라고 볼 수 있다.

이러한 이론들과는 별도로 무역과 FDI의 상호 연관성에 초점을 맞춰 FDI의 발생을 동태적(dynamic)으로 설명한 제품수명주기 이론 또한 주류 FDI 이론으로서 이는 1960-70년대의 선진국 기업들의 FDI를 잘 설명하였다. 따라서 이 절에서는 이 4가지의 이론들을 각각 소개하고 이 이론들을 중심으로 한국기업의 FDI를 설명하기로 한다.

2-2-1 독점적 우위이론(Monopolistic Advantage Theory)

Hymer에서 출발하여 Kindleberger(1969)와

Caves(1971)에 의해 완성된 독점적 우위이론은 FDI를 이자율 차이로 인한 국가 간 자본이동으로 설명한 이른바 신고전주의 이론에서 벗어나 투자 주체인 기업의 입장에서 경쟁우위를 확보하기 위한 수단으로서 FDI를 실행한다는 미시적인 관점에서의 주장을 처음으로 제기하였다.

이 이론에 의하면 완전경쟁 시장에서는 특정 기업이 자신만의 경쟁우위를 확보할 수는 없으며, 따라서 FDI가 발생할 수 없다고 보았다. 반면에 독과점 시장에서에서는 기업들이 경쟁을 제한하기 위한 행위가 지속적으로 이루어지며, 만약 특정 기업이 자신만의 차별화된 경쟁우위를 갖추게 된다면 그 기업은 적정 이윤을 초과하는 이익 즉 독점적 이익을 확보할 수 있다. 이러한 독과점 시장에서 FDI는 국내 시장의 경쟁자들을 따돌리고 독점적 이익을 확보할 수 있는 효과적인 수단이 된다. 즉 해외에서 벌어들인 이익을 바탕으로 국내 경쟁자들을 견제하고 지속적인 성장을 도모할 수가 있는 것이다.

그런데 FDI를 수행하기 위해서는 해외에서 현지 경쟁기업에 비해 외국기업으로서의 불리함, 즉 다시 말하면 추가적인 비용을 지불해야만 한다. 이는 국내와는 상이한 외국의 제반 환경(경제적, 정치적, 문화적, 법적인 환경 등) 하에서 기업활동을 영위하는데 있어 필연적으로 지불해야 하는 소위 외국인 비용(costs of foreignness)을 말한다. 이러한 외국인 비용은 본국과 상이한 기업환경 하에서 초래되는 것뿐만 아니고 현지기업에 비해 시장에 대한 지식과 정보의 부족, 모기업과 해외자회사 간의 지리적인 거리감을 극복하기 위해 추가적으로 지출되어야 하는 커뮤니케이션 비용 등이 모두 포함된 개념이다.

외국기업이 현지시장에서 이러한 불리함을 극복하기 위해서는 현지기업들이 갖고 있지 않은 차별화 된 독점적 성격의 우위를 보유하고 있어야 한다는 것이 독점적 우위이론의 핵심이다. Caves와

Kindleberger는 독점적 우위의 유형으로서 기업 특유의 기술 및 지식, 연구개발 능력, 차별화된 마케팅 능력, 조직관리 능력, 규모의 경제 우위 등을 들고 있다.

다음의 〈표 2-9〉는 독점적 우위의 원천과 거기서 파생되는 구체적인 우위의 예를 자세히 설명하고 있다.

〈표 2-9〉 독점적 우위의 원천과 구체적 예

독점적 우위의 발생 원인	독점적 우위의 구체적 예
제품시장의 불완전 요인	제품차별화, 특별한 마케팅능력, 재판매 가격유지, 관리가격 등
요소시장의 불완전 요인	특허권, 비공개 기술획득, 경영능력의 차이 등
규모의 경제	외부 및 내부적 규모의 경제(수직적 및 수평적 통합의 이익) 등
정부의 규제	조세 및 관세, 이자율 및 환율 등의 정부정책, 특정 산업의 진입 규제 등

자료원: Kindleberger, C. P.(1969), American Business Abroad: Six Lectures on Direct Investment, Yale University Press, p. 14, 전경태 · 서민교 · 서준석(2003), 국제경영. 학현사, p. 52에서 재인용.

아울러 다음의 [사례 2-9]은 미국의 외식업 및 유통업을 대표하는 다국적기업들의 독점적 우위가 구체적으로 무엇인지를 자세히 설명해 주고 있다.

[사례 2-9] 미국 다국적기업들의 독점적 우위

"McDonalds' 등 외식업체의 독점적 우위"

McDonalds'사나 Kentukey Fried Chicken(KFC)사의 독점적 우위 요인은 표준화되고 맛있는 메뉴, 친절한 서비스, 깨끗한 매장 분위기 그 자체라고 할 수도 있지만 이보다 더 중요한 것은 이러한 개별 요소를 효율적으로 결합하여 적정한 가격에 소비자에게 제공할 수 있는 운영능력이라고 할 수 있다.

예를 들어 KFC는 이러한 운영능력을 갖추기 위해서 전 세계 모든 매장에서 Quality, Service, and Cleanliness(QSC)의 경영철학 하에 영업을 하고 있다. 좋은 품질과 맛을 유지하기 위해서는 닭고기를 공급하는 양계장에게 철저한 사육의 기준을 제시하고 이에 따르도록 요구하고 있다. 이를테면 닭은 반드시 7주간 사육한 후에 고기로 공급하도록 요구하고 있다.

McDonalds'사의 프랜치 프라이 메뉴에 쓰이는 감자를 엄선해서 공급토록 하는 것과 유사한 것이다. 이러한 글로벌 표준화 전략을 성공적으로 지원하기 위해서는 기술능력, 생산관리 능력, 재료공급관리 능력, 종업원관리 능력 및 마케팅 능력 등을 적절히 통합하고 조정할 수 있는 기업특유의 경영능력이 요구된다. 그리고 기업특유의 경영능력을 개발 및 유지하기 위해서는 많은 고정비용이 들어간다. 따라서 많은 매장을 동시에 운영할수록 매장 단위당 운영비용은 크게 감소하게 된다.

이러한 이유로 McDonalds', Berger King, KFC사들은 그 동안 해외시장에서도 경쟁적으로 점포 확대에 노력을 기울여 왔다. 예를 들면 McDonalds'사는 2002년 9뤌 기준으로 121개 현지국에 17,446개의 해외 매장을 가지고 있고, Berger King사도 58개 현지국에 3,309개의 해외 점포를 가질 정도로 성장해 왔다.

"월마트(Wall Mart)의 독점적 우위"

월마트의 핵심 경쟁력 중의 하나는 효율적인 물류관리 능력이다. 일명 Cross-docking이라고 하는 월마트 특유의 물류관리 시스템은 상품을 싣고 있는 선반을 다른 점포나 재고창고 등으로 이동함에 있어서 48시간 이내에 이동할 수 있게 한다. 이러한 효율성으로 인해 타 경쟁기업에 비해 2-3% 정도의 물류 및 재고비용의 절감을 누리고 있다.

월마트의 이러한 물류비용의 절감이 가격인하를 가능하게 했고, 저가격 전략이 곧 월마트의 세계시장에서의 성공으로 이어졌다. 이러한 Cross-docking 시스템은 구조적으로 운송배달 시스템, 담당 종업원 간의 커뮤니케이션, 통신 시스템 등의 요인들이 유기적으로 결합이 되어 형성된 관리시스템이다.

이러한 관리시스템은 월마트 특유의 것으로서 다른 기업으로 쉽게 이전되는 성격이 아니다. 사실 월마트 외의 다른 유통업체의 경우엔 수많은 공급자와 구매부서 사이에 의사 전달이 쉽지 않은데 월마트는 인공위성 시스템을 이용하여 효율적으로 서로에게 정보를 전달하게 함으로써 적기 공급시스템을 통한 물류의 효율성을 증가시킬 수 있었다.

(출처: 이장로 · 신만수(2003), 국제경영, pp. 80-81)

[사례 2-9]에서 보듯이 오늘날 세계시장에서 확고한 위치를 차지하고 있는 미국 다국적기업들의 독점적 우위는 경쟁기업에 비해 차별화된 생산공정, 물류시스템, 그리고 브랜드 파워 등에서 비롯되며 이를 통하여 수십 년 이상에 걸쳐 높은 시장 점유율을 유지하고 있다.

반면에 세계시장에서 막대한 매출을 올리고 있는 거대 다국적기업들만이 반드시 독점적 우위를 확보하고 있는 것은 아니다. 산업의 특성을 잘 파악하고 뒤늦게 해외의 틈새시장을 파고들어 성공한 중소규모의 기업들도 자신만의 차별화된 우위를 확보하고 있는 것이다.

다음의 [사례 2-10]에서 소개하는 한국의 락앤락(Lock & Lock)이 바로 그런 예를 보여 준다. 락앤락의 성공비결은 대기업이 진출하지 않은 분야에 뛰어 들어 오랜 기간 연구개발에 힘을 쏟은 결과 고 품질의 제품을 개발하였고 이를 바탕으로 개발도상국 시장에 진출하여 차별화된 마케팅 전략으로 브랜드 파워를 키워왔다.

[사례 2-10] "락앤락 - 100여 국가에 수출... 세계 주방문화 선도"

락앤락은 1978년 설립 이후 신개념 4면 결착 밀폐용기 '락앤락'을 전 세계 100여 개 국에 수출하며 주방생활 문화를 선도하는 글로벌 기업으로 성장해 왔다.

급변하는 소비자 욕구에 맞춰 연 매출의 5% 이상을 연구개발(R&D)에 투자해온 게 지속적인 성장 비결로 꼽힌다. 밀폐용기뿐만 아니라 진공밀폐기, 생활 수납함, 압축백, 발효용기 등 새롭고 혁신적인 기능을 갖춘 다양한 제품을 연간 100여 가지 이상 생산하고 있다. 68개국에서 1,022건의 특허, 상표, 의장도 획득했다.

락앤락은 생산 및 판매 조직도 글로벌화시켰다. 충남 아산과 중국 웨이하이, 만산, 쑤저우 지역에 생산공장을 가동하고 있으며, 오는 4월에는 베트남 생산공장도 가동할 예정이다. 미국, 중국, 인도, 베트남, 태국 등에 법인 및 지사를 설립했으며 중국 시장에만 무려 50여 개의 직매장을 운영하고 있다. 이를 통해 '2010년 글로벌 넘버 원'을 달성한다는 게 락앤락의 목표다.

락앤락은 제품의 장점과 잘 맞는 브랜드를 이용해 혁신적인 밀폐용기라는 독자적인 브랜드 이미지를 구축하는데 성공했다는 평가를 받고 있다. 락앤락과 기존 밀폐용기 제품의 가장 큰 차이는 직사각형 모양 용기의 4개 면에 각각 잠금 장치가 있다는 점이다. 가로와 세로 양방향에서 이중 잠금이 돼 보다 안전하게 밀폐가 이뤄지는게 장점이다.

뚜껑의 4면 잠금장치는 한국 생활환경시험연구원에서 실시한 300만회의 작동 테스트를 거치고도 아무런 이상이 없었을 정도로 내구성이 강하다. 미국 재료학회의 시험에서는 다른 제품에 비해 밀폐성능이 200배 이상 뛰어난 것으로 증명됐다. 미국 식품의약국의 위생 및 안전검사도 통과했다.

락앤락은 뛰어난 품질을 바탕 삼아 각국 업체들의 OEM(주문자상표 부착생산) 제안을 거절하고 독자적인 브랜드로 국내는 물론 해외시장에 진출하는 전략을 선택했다.

(출처: 한국경제신문, 2009. 3. 11)

2-2-2 내부화 이론(Internalization Theory)

독점적 우위이론에 뒤이어 Buckley & Casson(1976, 1985)과 Rugman(1980, 1981, 1985))은 내부화 이론을 제시하였다. 내부화 이론은 FDI가 발생하기 위해서는 독점적 우위의 소유란 측면 외에 생산요소와 제품 시장에 불완전성이 반드시 존재해야만 한다는 전제를 기반으로 탄생했다. 이 이론에 의하면 만약 시장에 불완전성이 존재하지 않는다면 독점적 우위를 보유한 기업들이 굳이 FDI를 수행하지 않고 그러한 우위를 필요로 하는 해외의 기업들에게 대가를 받고 넘겨줌으로써 추가적인 수익을 창출할 수가 있다는 것이다. 즉 자본투자가 필요한 FDI 대신에 해외 라이센싱을 선택하는 것이 낫다고 보는 것이다.

그러나 실제 시장에는 불완전성이 존재하고, 또한 기업이 보유한 독점적 우위가 공공재적 특성을 가진 지식을 기반으로 하고 있기 때문에 시장에서 공급자와 수요자 간에 거래 혹은 계약을 체결하는데 상당한 비용이 발생한다. 기업의 입장에서는 이러한 거래비용을 지불하면서까지 라이센싱 계약을 선택하기보다는 그러한 우위를 내부화 하여 직접 활용하는 것이 더 유리하다고 판단하는 것이다. 내부화 활동은 곧 해외시장에 자신의 자회사를 설립하는 행위, 즉 FDI를 실행하는 것이다.

시장 불완전성(market imperfection)으로 인한 내부화의 필요성이 왜 발생하는지를 〈그림 2-2〉에서 구체적으로 설명하고 있다.

〈그림 2-2〉 내부화를 하는 이유

자연적 시장 불완전성	인위적 시장 불완전성
▸ 지식과 같은 공공재의 가격을 추정하기 어려움 ▸ 거래비용의 발생 – 수요자 불확실성 – 품질 통제의 어려움 – 계약 체결의 어려움	▸ 정부의 개입 – 관세 – 외환 통제 – 기타 대외 거래에 대한 규제

자료원: Rugman 등(1985), p. 104.

Rugman 등(1985)은 〈그림 2-2〉에 나와 있는 바와 같이 시장의 실패 혹은 불완전성이 존재하는 주요 원인을 재화가 거래되는 시장 자체에서 자연적으로 발생하는 경우와 시장거래에 정부가 인위적으로 개입하여 발하는 경우의 두 가지로 나누어 설명하고 있다.

자연적 시장 불완전성이 존재하는 첫 번째 이유는 기업이 가진 독점적 우위가 기본적으로 공공재적 특성을 가지고 있는 지식을 기반으로 하고 있기 때문에 라이센싱과 같은 거래가 이루어지기 어렵다고 보는 것이다. 공공재(public goods)란 한 사람이 소비를 하더라도 다른 사람들의 소비가 배제되지 않는 공공성을 띈 재화를 말 하는데, 일단 한 기업이 기술이나 지식과 같은 무형의 자산을 확보하면 다른 기업도 동시에 그것을 추가로 이용할 수 있으며 이때의 추가 비용은 거의 0에 가깝다. 이러한 무형의 자산을 보유한 기업은 많은 노력을 기울여 개발한데 따른 응분의 대가를 기대하는 반면에 그것을 구입하려는 기업은 한계비용이 0에 가까운 무형의 자산에 대한 가치를 평가 절하하려는 경향이 있기 때문에 정상적으로 거래가 이루어지기 어렵다.

자연적 시장 불완전성이 존재하는 또 하나의 이유는 기술이나 지식과 같은 무형의 자산은 시장에서 거래하는데 여러 가지 이유로 비용이 과다하게 발생한다. 첫 번째 이유는 유형재와 달리 거래대상이 무형재인 경우에는 구매자의 입장에서 그 재화를 완전히 소유하기 전까지는 그 재화의 가치를 정확히 파악하기 어렵다. 따라서 재화의 가치 판단에 대한 판매자와 거래자의 입장 차이가 크기 때문에 거래비용이 많이 발생하게 된다. 즉 이것이 바로 수요자 불확실성에 따른 거래비용이다.

기술이나 상표권 등의 무형 자산의 거래비용이 발생하는 두 번째 이유는 그 자산의 소유자(즉 라이센서)의 입장에선 자신을 대신하여 무형 자산의 도입자(즉 라이센시)가 생산한 제품의 품질에 대한 통제가 어렵기 때문에 라이센싱과 같은 계약 형태의 상거래가 이루어지기 어렵다는 것이다. 마지막 이유는 무형 자산의 거래가 이루어지는 시장은 완전 경쟁보다는 주로 독과점 경쟁이 벌어지며, 이러한 시장에서는 소수의 판매자와 구매자에 의해 거래가 이루어지기 때문에 끊임없는 흥정이 지속되며 또한 서로의 기회주의 행동이 나타나기 쉽다.

따라서 이러한 요인들이 라이센싱 계약의 체결을 어렵게 만들며, 결국 무형 자산의 소유자 입장에선 과다한 거래비용을 지출하게 만든다. 이러한 과다한 시장 거래비용의 존재는 결과적으로 무형 자산의 소유자로 하여금 해외시장에서 기회를 추구하는데 있어서 라이센싱과 같은 계약 형태의 방법보다는 내부화, 즉 자신의 자회사를 설립하여 무형 자산을 직접 활용하는 방식의 FDI를 선택한다는 것이 내부화 이론의 핵심이다.

내부화 이론의 옹호자들은 기업이 내부화를 선택하는 또 다른 이유로서 자유무역에 대한 정부의 규제를 들고 있다. 관세 및 비관세 장벽, 외환 통제 등의 대외규제 조치들은 수출과 같은 정상적인 상거래를 어렵게 만드는 요인이며 결국 FDI를 통해 이러한 규제들을 피할 수 있다고 보는 것이다.

2-2-3 절충이론(Eclectic Theory)

Dunning(1977, 1979, 1980)은 기업이 비록 독점적 성격의 우위를 갖춘 상태에서 시장거래보다 내부화를 하는 것이 더 유리하다고 하더라도 FDI가 필연적으로 발생하는 것은 아니고 기업의 독점적 우위가 특정 국가의 입지적 우위 요인과 결합하였을 때 비로소 FDI가 이루어진다고 주장하였다. 즉 그는 3가지의 우위(기업 특유의 우위, 내부화 우위, 입지적 우위)가 동시에 충족되었을 때에만 FDI가 발생한다고 보았으며, 이 이론을 절충이론 혹은 절충 파라다임(eclectic paradigm)이라고 이름 지었다.

기업특유의 우위(firm-specific advantage) 혹은 소유의 우위

(ownership advantage)는 독점적 우위이론이 주장하는 바와 같이 외국에 진출한 기업이 현지의 기업들과의 경쟁에서 불리함을 극복할 수 있는 원천으로서의 무형의 자산을 보유함을 말한다. 내부화 우위(internalization advantage)는 내부화 이론이 제시한 바와 같이 기업이 보유한 무형의 자산을 시장거래를 통해서 넘겨주기보다는 기업 내부에서 자체적으로 활용하는 것이 더 유리한 상황을 말하는 것이다.

마지막으로 입지적 우위(location-specific advantage)는 특정 국가가 갖고 있는 장소 특유의 우위로서 이는 단순히 노동과 같은 생산요소의 비용이 저렴하다는 것뿐만이 아니고 외국기업이 그 국가에서 기업활동을 영위하는데 있어서 장점이 될 수 있는 다양한 형태의 우위들도 포함된다. 즉 풍부한 천연자원, 큰 규모의 시장, 지리적 이점, 고도화된 사회간접시설, 발달된 과학기술, 피투자국 정부의 인센티브 제공 등이 모두 입지적 우위에 해당된다.

이러한 입지적 우위가 이론에 포함됨으로써 비로소 왜 특정 국가가 FDI의 대상국으로서 타 국가에 비해 선호되는지가 설명될 수 있다. 즉 미국 기업들이 초기에 왜 캐나다, 영국 혹은 멕시코 등을 투자 대상국으로서 선호하였는지, 그리고 한국기업들은 왜 다른 국가들보다 우선적으로 중국을 투자 대상국으로 선호하는지에 대한 해답을 제시해 준다.

그러나 만약 국내에 비해 입지적으로 우위에 있는 타 국가가 존재하지 않는다면 굳이 FDI를 실행할 이유가 없으며, 이 경우에는 국내에서 생산(즉 내부화)을 하여 수출을 통해 해외시장에 진출하는 것이 더 유리할 것이다. 반면에 기업특유의 우위를 내부화 할 이점이 특별히 존재하지 않는다면, 즉 시장 거래비용이 낮은 경우에는 적절한 대가를 받고 라이센싱 계약을 체결하는 것이 더 유리하다고 보겠다.

지금까지 논의된 바와 같이 절충이론에서 제시된 3가지 우위의 충족 여부와 해외시장 진입방식의 선택 관계를 다음의 〈표 2-10〉에서 요약하여 설명하고 있다.

〈표 2-10〉 3가지 우위와 해외시장 진입방식의 선택

진입방식 \ 우위	기업특유의 우위	내부화 우위	입지적 우위
라이센싱	O	X	X
수출	O	O	X
해외직접투자	O	O	O

주: 'O'는 우위가 충족된 경우를 나타내며, 'X'는 충족되지 않은 경우를 나타냄.
자료원: Dunning(1981c), p. 111.

독점적 우위이론 및 내부화 이론과 비교하여 절충이론의 기여도는 FDI를 설명하는데 있어서 입지적 우위의 중요성을 강조한 것이라고 볼 수 있다. 초기에 Dunning은 입지적 우위의 바탕이 되는 요소로서 피투자국의 자원(resources), 능력(capabilities), 그리고 시장(markets)에 초점을 맞췄다. 따라서 다국적기업이 특정 국가에 진출하는 목적이 그 국가의 자원을 확보하기 위해서 혹은 그 국가의 기술이나 노동력을 활용하기 위해서 또는 그 국가의 시장에 매력을 느껴서 진출을 한다고 보는 것이다. 그는 이러한 자원, 능력, 그리고 시장의 3가지 요소를 피투자국의 물질적 환경(physical environment)이라고 지칭하였다.

그러나 최근 들어서 그는 입지적 우위의 바탕이 되는 요소로서 물질적 환경 외에 제도적 환경(institutional environment)을 추가하였다(Dunning & Zhang, 2008). 제도적 환경은 물질적 환경과 대비되는 것으로서 주로 인간의 가치 및 신념 체계와 관련된 환경적 요소를 의미한다. 이는 곧 기업 혹은 기타 부를 창조하는 개체들이 올바르게 인지하고 동기부여를 갖게끔 국가가 게임의 규칙을 마련해 주는 역할을 한다.

아울러 Dunning은 제도란 것은 정부의 정책에 영향을 미치는 동시에 또한 정부의 정책에 의해 영향을 받는 매개체라고 정의하며, 제도가 제대로 작동하는 국가들은 정부의 정책 결정이 궁극적으로 중앙계획 경제체제에서 자본주의의 장점을 받아들이는 즉 시장 경제체제로 유도하는 역할을 하게 된다고 주장하고 있다.

다음의 〈표 2-11〉은 그러한 제도적 환경의 구체적 요소들을 설명하고 있다.

〈표 2-11〉 제도적 환경의 형태와 영향

제도적 환경의 형태	제도적 환경의 영향
공식적 제도 ● 헌법, 조약, 법률, 규제: 학습에 대한 규정, 인지 개선, 지식 등	● 경제적 조정 및 안정 ● 지적 재산권 보호 ● 경제적 동기부여/기업가 정신 강화
비공식적 제도 ● 전통, 문화 규범, 신뢰, 호의, 명성	● 원칙 확립 및 사회적 지도 (범죄 감소 등)
집행 메커니즘 ● 약한 공식 메커니즘: 자발적 규제, 두려움, 보복, 따돌림 등 ● 강한 공식 메커니즘: 우대/처벌, 벌금, 강요된 투명성, 계약의 파기, 구금 등	● 기업가 정신 촉진 및 경쟁적 시장구조 ● 적절하고 효율적인 금융기관 ● 교육 및 훈련 개선 ● 혁신적 개발 ● FDI에 대한 우대/규제 ● 사회 형평성 및 기회에 대한 접근

자료원: Dunning & Zhang(2008), p. 8.

2-2-4 제품수명주기 이론(Product-Life-Cycle Theory)

Hymer의 독점적 우위이론과는 별도로 1960년대에 역시 산업조직론 관점에서 FDI를 설명한 이론이 Vernon(1966)의 제품수명주기 이론이다. 초창기에 이 이론은 미국을 중심으로 한 선진국 기업들의 FDI를 설명하였으나, 이후에 Wells(1977, 1978, 1983)와 같은 학자들에 의해 제 3세계 혹은 신흥공업국 기업들의 FDI도 설명이 가능하다는 주장이 제기되었다.

제품수명주기 이론은 본래 FDI만을 설명하기 위해 등장한 이론은 아니며, 무역과 FDI는 서로 연계성이 있다는 가정 하에 무역 패턴과 FDI를 동시에 설명하고 있다. 이 이론은 세계 각국 간에 무역이 이루어지는 과정에서 시간의 흐름에 따라 국가의 경쟁력이 변화하게 되며, 기업들은 이러한 변화에 대응하는 수단으로서 FDI를 수행하게 된다고 주장하고 있다. 따라서 여타 이론들이 대부분 정태적(static) 차원에서 FDI를 설명하고 있으나 제품수명주기 이론은 제품의 수명주기라는 동태성이 연구모형에 내포됨으로써 동태적 이론이라는 차별성을 가진다.

Vernon에 의하면 신제품을 개발할 수 있는 국가는 일정한 조건을 갖춰야 한다고 보았는데, 이 조건이란 것이 일단 시장의 규모가 충분히 커야 하며 아울러 소득 수준도 높아야 한다는 것이다. 왜냐하면 신제품을 개발하기 위해서는 막대한 비용이 소요되며 또한 실패의 위험을 감수해야 하는데 이러한 신제품 개발에 대한 동기부여가 앞서의 조건을 갖춘 국가의 기업들에게만 가능하다고 보았다. 즉 다시 말하면 그러한 조건을 갖춘 시장에서만이 신제품 개발에 성공했을 경우 초기 제품의 가격이 높은 수준에도 불구하고 국내 소비자들에 의해 충분한 매출이 이루어질 수 있으며, 따라서 기업들에게 신제품 개발의 위험에 대한 적절한 보상이 주어지기 때문이다. 1960년대 당시에는 Vernon이 신제품 개발국으로서 앞서 제시했던 조건을 갖춘 국가는 미국이 거의 유일했다고 볼 수 있다. 실제 개인용 컴퓨터, 복사기, 카메라, 가전제품 등의 신제품이 당시 미국에서 대부분 개발되고 출시되었던 것으로 봐서 그러한 주장은 어느 정도 설득력이 있었다.

따라서 제품수명주기 이론에 따르면 처음 신제품 단계에서는 기술혁신국인 미국에서 생산되어 국내에서 소비되기 시작해서 일부는 서유럽 등의 고소득 국가에 수출을 하게 된다. 서유럽 등의 기타 선진국에서는 일부 고소득층의 사람들에 의해 소비는 일어나지만 아직 고가의 제품에 대한 소비층이 충분히 생성되지 않았기 때문에 현지에서 직접 생산을 하기 보다는 신제품 개발국인 미국으로부터 수입에 의해 소비가 이루어진다.

이후 시간이 흐름에 따라 기타 선진국 기업들에 의해 신제품 기술의 모방이 이루어지고 이들에 의해 경쟁 제품이 시장에 나타나게 된다. 이 제품들은 미국의 기술혁신 기업에 비해 낮은 가격에 출시되며, 따라서 기타 선진국에서도 소비가 점차 늘어나게 되고 결국 제품이 성숙기에 접어들면서 미국기업과 기타 선진국의 간에 경쟁이 치열해진다. 그런데 이러한 성숙기에는 미국기업이 국내에서 생산하여 수출하는 방식으로는 기타 선진국 시장에서의 경쟁이 불리할 수밖에 없다. 미국의 상대적으로 높은 임금, 그리고 운송비와 관세 증으로 인해 가격 경쟁이 불리하기 때문에 수출시장을 방어하기 위한 목적으로 미국기업은 국내 생산 대신에 소비시장인 현지에 직접 생산시설을 구축하는 전략, 즉 FDI를 택하게 된다.

더욱 시간이 흘러 이제 제품이 표준화 단계에 접어들면 기술이 전 세계로 확산되며 수요가 크게 늘어남에 따라 기업들이 대량 생산체제를 갖추게 되면서 제품의 가격은 더 내려가게 된다. 이 단계에서 경쟁

우위의 가장 중요한 요소는 가격이 된다. 따라서 노동비용이 낮은 개발도상국이 가장 유리한 생산기지의 역할을 하기 때문에 개발도상국으로 FDI가 이동하게 되는 것이다. 이 단계에서 소득 수준이 낮은 개발도상국들은 소비시장보다는 주로 선진국 기업들의 역외생산 혹은 우회 생산기지로서의 역할을 하게 되어 생산된 제품들은 대부분 선진국으로 역수입 된다.

아래의 〈그림 2-3〉은 제품수명주기 이론이 예측하는 바와 같이 제품의 수명주기에 따라 무역패턴의 변화와 함께 FDI가 발생하는 과정을 보여주고 있다.

〈그림 2-3〉 제품수명주기 이론

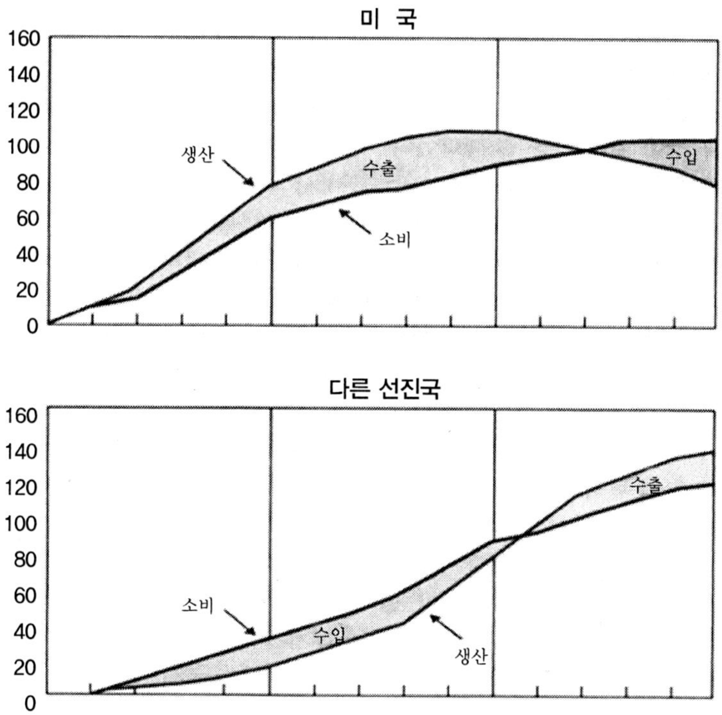

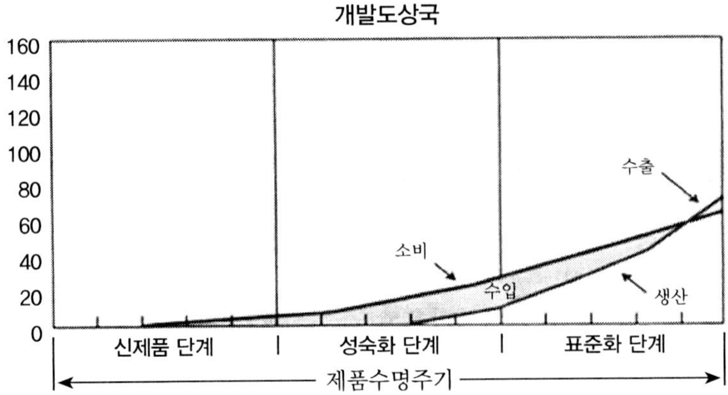

자료원: R. Vernon and L. T. Wells, The Economic Environment of International Business, 4th ed., Pearson Education, Inc., NJ, 1986. 최순규 · 신형덕(2009), p. 233에서 재인용.

제품수명주기 이론은 비록 FDI 현상만을 설명하기 위해 개발된 이론은 아니지만 국가 간 무역이 이루어지는 과정에서 어떠한 동기에 의해 FDI가 발생하는지를 동태적 차원에서 설명하는 이론이라고 볼 수 있다. TV산업의 예를 들어 보면 아래 [사례 2-11]에서 보듯이 1960-70년대 당시의 세계 무역과 FDI의 패턴을 제품수명주기 이론이 비교적 정확히 예측하고 있다.

[사례 2-11] TV 산업의 제품수명주기

TV방송은 영국과 독일에서 1936년에 최초로 시작됐다. 그 후 3년이 지나서 미국에 처음으로 TV 세트가 팔렸다. 2차 대전 이전엔 미국은 7,000세트를, 영국은 20,000세트를 자국 내에서 각각 제조하였다. 전쟁 후엔 미국시장은 가장 큰 수요시장이 됐다. 종전부터 1950년까지 영국은 344,000 세트가 팔린 반면, 미국은 700만 대가 팔렸다. 미국의 TV제조업체는 미국시장을 대상으로 TV를 제조하였고 일부를 수출하였는데, 그 대상은 주로 유럽시장이었다.

1962년까진 미국은 자국수요를 자국 제조업체에서 전략 생산하여 공급하였다. 그러나 1962년에 최초로 일본산 흑백TV가, 1967년에는 일본산 컬러TV가 수입되기 시작하였다. 이윽고 1970년 이후에는 미국 정부의 수입 제한조치에도 불구하고 미국시장 내 수입산 TV의 점유율은 급격히 증가했다. 1982년도 미국시장 내 흑백TV는 68%, 컬러TV는 13%가 해외에서 온 수입제품이었다. 1965년에 미국의 컬러TV 생산능력이 300만대이었을 때, 일본은 불과 10만대에 불과하였으나 1980년에는 일본은 매년 1,000만대의 컬러TV를 생산하는 국가로 성장했다.

미국기업은 외국산 수입 TV에 대항하기 위해 1970년대 이후부터 멕시코, 한국, 대만 등 인근 개도국과 동아시아 국가로 생산시설을 이전하였다. 이때부터 일본산 TV의 수입비중은 다소 하락하였다. 그러자 일본은 한국, 대만 등으로 TV 생산시설을 이전하였다. 미국시장을 석권한 최대 수출국 일본의 지위도 오래 가지 않았다. 1978년까지 일본은 미국시장의 최대 수출국이었으나 그 지위를 한국에 물려주었다.

한국과 대만도 1980년대 말, 미국과 일본처럼 자국 내 생산시설을 중국으로 이전하게 됐다. 이제 중국이 TV 생산능력 연 4,000만대(2003년도)로 세계 최대 생산국 지위에 올랐다. 이로써 미국의 TV제조기업은 역사 속으로 아예 사라지게 됐다. 미국 TV 제조기업은 1966년도에는 16개이었으나 1980년에는 3개사로 줄었고, 마지막 기업인 제니스가 1999년 11월에 한국의 LG전자에 인수됨에 따라 단 하나도 남지 않게 됐다.

한국은 자타공인 개도국 중 TV 제조국가로 부상한 대표적인 성공 사례이다. 한국의 1960년대 산업은 미국에 가발을 수출하고 흑백TV를 미국으로부터 수입하는 상태에 있었지만, 1970년대 들어 흑백TV의 세계 최대 수출국으로 부상하면서 미국시장에 흑백TV를 역수출하기 시작하였다. 흑백TV를 제조하면서 쌓은 노하우와 지속적인 연구개발의 결과, 국내 컬러TV용 방송 개시년도인 1980년 이전부터 컬러TV를 생산하기 시작하더니, 1977년엔 미국시장 수출을 감행하였다.

1980년대에는 대량 생산체제를 확립하고, 한국정부의 수출드라이브 정책에 힘입어 고도 성장기를 맞이하였다. 그러나 1988년 이후 수출부진에 따른 생산증가율이 감소되면서 한국기업의 수익성이 떨어지게 된다. 그러자 인도네시아, 중국 등 동남아와 중국에 생산기지를 이전시켜 경쟁력을 회복하기 위한 노력을 하고 있다.

(출처 : 임성훈(2010), 국제경영, p. 286)

하지만 1980년대에 들어서 제품수명주기 이론은 그 설명력에 한계를 드러내며 FDI의 주류 이론으로서 더 이상 그 입지를 유지하기 어렵다는 비판이 제기되었다. 특히 Giddy(1978)를 비롯한 일부 학자들은 다음과 같은 이유를 들어 제품수명주기 이론을 비판하였다. 즉 제품수명주기 이론은 국제 기업환경이 비교적 안정된 시기의 무역과 FDI의 상호관계를 비교적 잘 설명하고 있으나 1970년대 말부터 서서히 나타나기 시작한 국제 기업환경의 변화로 인하여 이제 그 설득력을 잃게 되었다고 주장하였다.

그러한 기업환경 변화의 대표적인 현상이 바로 글로벌화(globalization)의 도래였다. 글로벌화 현상이 나타남에 따라 각국의 시장을 구분 짓던 경계가 서서히 사라지고 전 세계가 하나의 시장으로 통합되어 가기 시작하였다. 글로벌화의 도래는 통신 및 운송 기술의 발전에 따라 전 세계시장에서 나타나는 수요의 동질화, 그리고 무역 및 투자 장벽의 완화 등의 환경 변화에 의해 초래된 것이다.

이러한 환경 변화를 재빠르게 감지한 다국적기업들은 글로벌 전략을 수행하는 것으로 대응하기 시작하였다. 이제 글로벌 전략을 수행하는 기업들은 신제품 단계라고 하더라도 본국에서 반드시 생산을 시작하는 것은 아니고 해외의 최적 생산지에서 대량으로 생산하여 전 세계시장에서 동시에 제품을 유통시킴으로써 규모의 경제 효과를 극대화 시키려고 한다. 따라서 글로벌 전략에 충실한 기업들은 이제 선진국 시장, 개발도상국 시장 등으로 구분하여 차별적으로 진출을 하던 전략을 포기하는 것이다

글로벌화의 도래와 함께 나타난 또 하나의 주목해야 할 현상은 기업들의 신제품 개발능력의 향상으로 인한 제품 수명주기의 단축이다. 신제품이 시장에 도입되어 쇠퇴기를 거쳐 시장에서 사라지는 기간이 갈수록 짧아지고 있다. 이러한 상황에서는 기업들이 생산기지를 각 국가별로 단계적으로 옮겨 가면서 매출을 확보하기 위한 시간적 여유가 충분히 보장되지 않는다. 단축된 수명주기 하에서는 경쟁기업들이 신제품을 모방하여 출시하기 전에 최대한 빨리 매출을 극대화해야 되기 때문에 시간적 갭을 이용한 단계적인 시장 공략 보다는 글로벌 시장에서 동시에 경쟁 우위를 선점하는 것이 중요하다.

제품수명주기 이론의 마지막 한계점으로 지적될 수 있는 것은 미국이 이제 더 이상 신제품 개발국으로서 선도적인 지위를 누리지 못 한다는 사실이다. 이미 1970년대 후반 이후부터 각종 신제품들이 미국 이외의 국가들에서 처음 개발되고 시장에 출시되기 시작하였다. 예를 들면 일본기업들에 의해 발명되고 상용화 된 제품들로서 워크맨, 비디오 게임기, 디지털 손목시계 등이 있고, 또한 무선 통신기기와 MP3 플

레이어를 개발한 유럽의 기업들이 있다.

제품수명주기 이론에 대한 이러한 비판들에 직면한 Vernon(1979)도 결국 자신의 이론에 대한 한계점을 인식하고 새로운 국제기업 환경 하에서 제품수명주기 이론은 일부 수정되어야 할 필요가 있다고 인정하였으나, 사실상 현재는 더 이상 FDI의 일반화된 이론으로서 광범위한 지지를 얻지는 못 하고 있다.

2-2-5 해외직접투자의 발전 주기 가설

FDI에 대한 대부분의 이론들은 특정 기업의 FDI 유출(outflow) 혹은 유입(inflow) 한 측면에서의 결정요인을 설명하고 있다. 이에 반해 Dunning(1981a, 1981b)은 한 국가의 FDI 유입과 유출이 시간의 흐름에 따라 일정한 패턴을 보이며 변화를 하고 있다고 주장하였다. 더구나 대부분의 FDI 이론들이 시간의 흐름에 따른 변화를 설명하지 못 하는 정태적(static)인 이론인데 반하여 그의 이 주장은 앞서 설명한 제품수명주기 이론과 더불어 FDI를 설명하는데 있어서 동태적(dynamic)인 접근방식을 택하였다는 점에서 자못 그 의미가 깊다고 보겠나.

먼저 Dunning(1979a)은 1960년대 말에서 1970년대 중반에 걸쳐 영국의 FDI 유입과 유출을 분석한 결과, 유입과 유출이 동시에 증가하고 있으나 FDI 순유출(net outflows = 유출액-유입액)의 절대치 혹은 FDI 유입에 대한 유출의 비율이 시간이 지남에 따라 점차 커지고 있음을 주목하였다. 이에 대해 그는 영국기업의 경쟁우위가 타 국가의 기업에 비하여 향상됨과 동시에 영국의 입지적 우위는 상대적으로 불리해지고 있기 때문이라고 보았다. 하지만 이 연구에서는 비교적 짧은 기간의 시계열 자료를 가지고 분석하였기 때문에 FDI의 순유출이 어떠한 패턴을 가지고 변화하는지를 보여주지는 못 하였다.

이후 Dunning(1981a, 1981b)은 그의 주장을 입증하기 위해 67개 국가의 횡단면 자료(cross-section data)를 조사하여 각 나라의 경제발전 단계와 FDI의 순유출의 규모가 서로 밀접한 관계를 보이고 있음을 밝혀냈다. 즉 그는 경제발전 단계의 지표로서 1인당 GNP를 X축으로 하고 1인당 FDI의 순유출을 Y축으로 놓았을 때 〈그림 2-4〉와 같이 J-커브의 형태가 나타남을 보였다.

〈그림 2-4〉 경제발전 단계와 해외직접투자 순유출의 변화

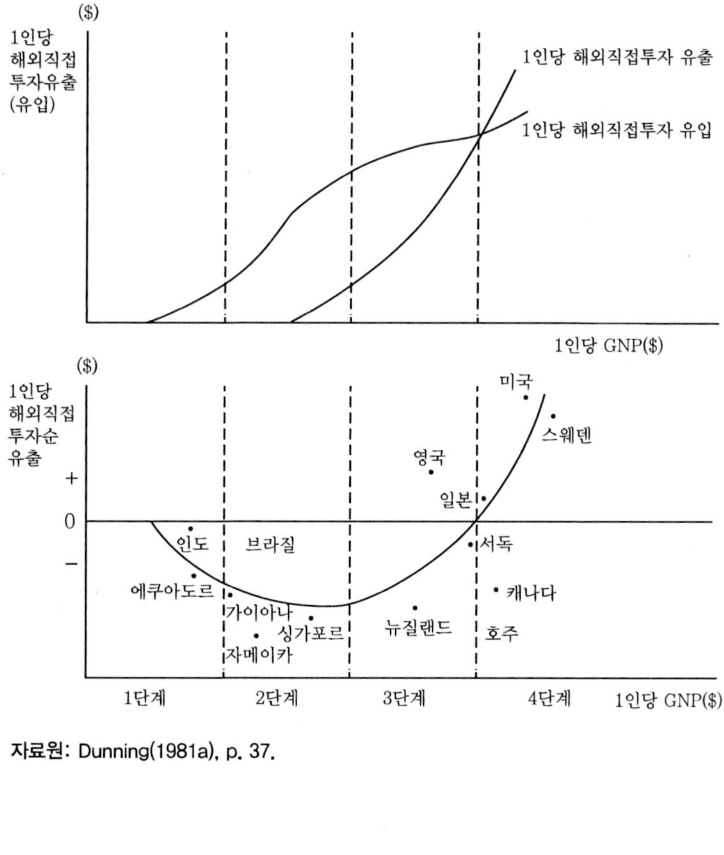

자료원: Dunning(1981a), p. 37.

Dunning은 〈그림 2-4〉에서 나타난 J-커브 형태를 FDI 발전 주기(FDI development cycle)라는 명칭과 함께 왜 그런 결과가 나타나는지를 앞 절에서 설명한 그의 절충이론을 가지고 설명하고 있다. 즉 한 나라의 경제가 발전함에 따라 그 나라 기업 특유의 우위, 내부화 우위, 그리고 입지적 우위가 변하게 되며, 이에 따라 그 나라의 FDI 유입과 유출이 일정한 패턴의 변화를 보이기 때문이라고 주장하였다.

그는 국가의 경제발전 정도에 따라 4가지 단계로 나누어 FDI의 유입과 유출을 설명하고 있다. 첫 번째 단계는 경제발전 정도가 워낙 낮아서 시장규모도 매우 작고 인프라 구축 역시 극도로 열악한 상태로서 FDI를 유인하는 입지적 우위를 충분히 제공하지 못 하는 나라들이 이에 속한다. 이 단계에 속한 국가의 기업들 또한 해외에서의 생산을 가능케 하는 기업특유의 우위를 확보하지 못 하고 있거나 혹은 아주 낮은 정도의 우위를 갖췄더라도 수출 등과 같은 다른 경로를 택해 해외시장에 접근하게 된다. 따라서 이 단계에서는 FDI의 유입과 유출이 거의 0에 가깝기 때문에 FDI의 순유출 또한 0에 가깝거나 아주 적은 수준의 적자(-)를 보이게 된다.

두 번째 단계에서는 어느 정도 경제발전이 이루어짐에 따라 입지적 조건이 개선되어 외국기업에 의한 자원개발, 수입대체 산업, 또는 값싼 비숙련 노동력을 이용하기 위한 제조업에서의 FDI가 발생하게 된다. 그리고 이 단계에서는 외국기업들의 입장에서 피투자국 시장의 불완전성이 높고 또한 현지기업의 기술 및 마케팅 능력의 부족 등으로 인하여 그들 특유의 우위를 내부화하려는 욕구가 강해진다. 동시에 국내기업들은 미미한 수준이나마 FDI를 시작하게 되는데 아직 그들 기업 특유의 우위를 충분히 개발하지 못 했기 때문에 위험을 최소화하기 위해 근접한 이웃 나라에 진출을 하거나 외국기업의 기술을 도입하기 위한 FDI를 시도하게 된다. 따라서 이 단계에서는 FDI의 유입은 증가하기 시작하나 유출은 아직 미미한 수준이므로 FDI 순유출의 적자(-) 폭은 커지게 된다.

다음 세 번째 단계에서는 FDI 순유출의 적자(-) 폭이 더 이상 늘어나지 않고 줄어들게 된다. 그 이유는 국내시장의 규모 확대, 현지에 진출한 외국기업의 자회사로부터의 기술 습득 등으로 인하여 국내기업들의 독점적 우위가 향상되어 FDI의 유출은 점차 증가하는 반면에 외국기업의 독점적 우위의 상대적 저하, 국내의 임금상승 등으로 인하여 FDI의 유입은 정체 내지는 줄어들기 시작하기 때문이다. 그리고 이 단계에서는 FDI의 산업별 전문화가 일어나기 시작한다. 즉 국내기업의 독점적 우위가 가장 약한 산업, 그러나 그 나라의 입지적 우위가 가장 강한 산업에서는 FDI의 유입이 늘어나는 반면에 국내기업의 독점적 우위는 강하나 국내의 입지적 우위가 약한 산업에서는 FDI의 유출이 증가하게 된다.

마지막으로 네 번째 단계에서는 FDI의 유출이 유입을 넘어서서 FDI 순유출이 흑자(+)를 기록하게 된다[1]. 이 단계에서는 국내기업이 상대적으로 높은 수준의 독점적 우위를 확보하게 되며 이 우위를 국내보다는 해외에서 활용하려고 한다. 이는 국내에서는 생산성에 비해 높은 임금수준과 기업의 규모가 커짐에 따라 생산효율을 향상시키기 위해 생산 공정의 지역별 전문화를 추구하기 때문이다. 아울러 FDI의 경험이 점차 축적됨에 따라 글로벌 생산시스템을 구축하게 되며 모기업 입장에서는 해외자회사에 대한 통제 및 조정의 필요성이 커지게 되어 내부화의 욕구는 더욱 증가하게 된다.

이상에서 설명한 경제발전 단계에 따른 3가지 우위의 변화를 〈그림

---

1) 이와 같은 FDI의 4단계를 폐쇄국, 순피투자국, 투자교차국, 순투자국으로 분류하기도 한다(안세영, 1993; pp. 129-131)

2-5〉에서 요약하여 보여주고 있다.

〈그림 2-5〉 경제발전 단계와 3가지 우위의 변화

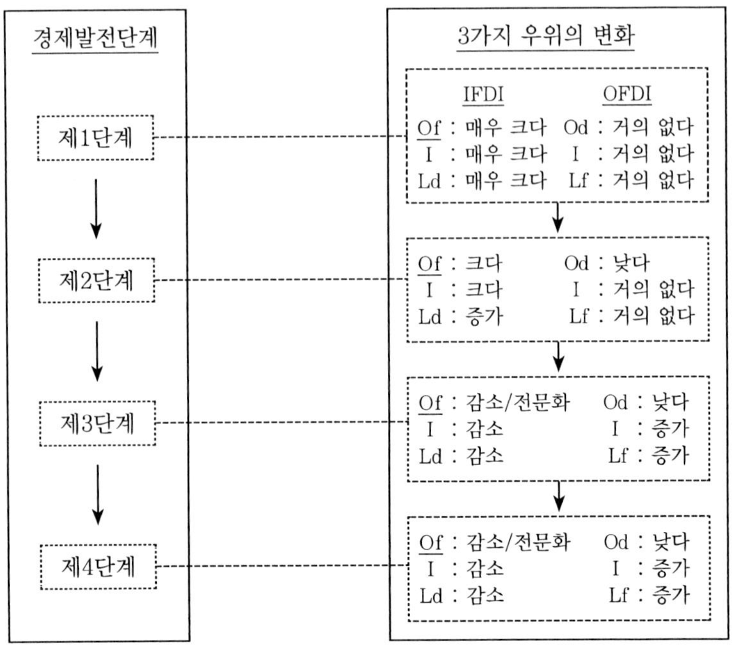

주 : O=소유의 우위, I=내부화 우위, L=입지적 우위, f=외국, d=국내
OFDI=해외직접투자유출, IFDI=해외직접투자유입
자료원: Dunning(1981b), p. 8.

이와 같은 Dunning의 주장은 아직 많은 후속 연구들로부터 명확한 검증이 이루어지지 않았기 때문에 하나의 FDI 이론이라고 말 하기는 이르고 가설 수준에 머물러 있다고 볼 수 있다. 이후 김경(1994)의 연구에서 그의 가설을 3개 선진국(캐나다, 독일, 일본)의 초기 FDI 패턴을 실제 자료를 이용하여 확인하였다.

아래의 〈그림 2-6〉은 1960년대 이후 30년 동안의 3개 선진국의 FDI 순유출의 변화를 그래프로 보여준다.

〈그림 2-6〉 캐나다, 독일, 일본의 FDI 순유출의 변화 추이

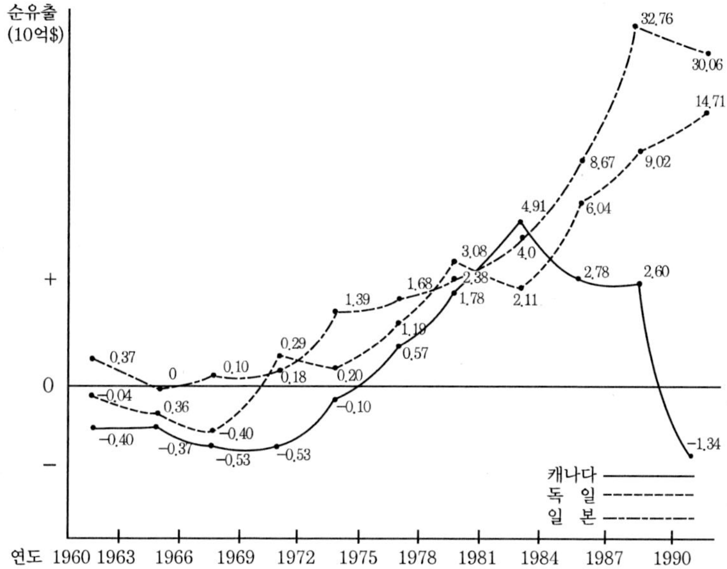

1인당GNP($)	1969	1972	1975	1978	1981	1984	1987	1990
캐나다	3,529	4,865	7,309	8,795	11,811	13,330	15,753	20,863
독 일	2,941	4,207	6,767	10,448	11,086	10,126	18,242	23,875
일 본	1,948	3,814	4,984	8,730	9,168	11,322	23,827	27,297

자료원: 김경(1994), p. 45.

〈그림 2-6〉에서 나와 있듯이 선진 3개국의 초기 FDI 순유출은 Dunning이 주장한 바와 같이 J-커브의 형태를 보이고 있다. 4단계에 접어든 1980년대 초반 이후의 커브 모양은 3개국 간에 비록 약간의 차이가 있지만 대체적으로 Dunning이 예측한 바와 같다. Dunning 자신도 4단계 이후의 고도화된 FDI 단계에서는 순유출이 어떤 형태를 지속적으로 나타낼 것인지에 대해서는 설명을 하지 않았다.

아울러 김경(1994)의 연구에서는 3개 선진국의 FDI 패턴 외에 한국 기업의 FDI 유입과 유출에 대한 시계열 자료를 가지고 Dunning의 가설을 검증하였다. 1960년대부터 1990년대 초반까지 약 30년간의 자료를 이용하여 FDI 순유출의 변화를 분석한 결과가 〈그림 2-7〉에 나와 있다.

〈그림 2-7〉 한국의 FDI 순유출의 변화 추이

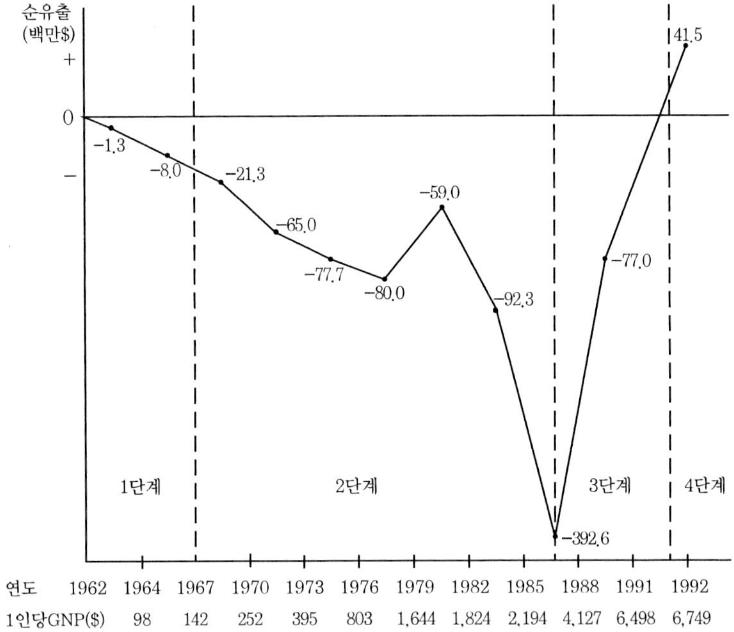

자료원: 김경(1994), p. 49.

1960년대부터 1990년대까지 30년 동안의 한국의 1인당 GNP와 3년 평균 FDI 순유출의 값을 각각 그래프로 나타낸 결과가 〈그림 2-7〉에 나와 있다. 앞서 〈그림 2-6〉에서 보았듯이 선진 3개국의 FDI 순유출의 패턴과 비슷하게 역시 J-커브의 형태를 보이고 있다.

특히 한국의 경우에는 1단계와 3단계의 기간은 비교적 짧았던 반면에 2단계의 기간이 약 20년으로 비교적 길었다. 그리고 FDI 순유출이 흑자(+)로 돌아서는 FDI의 4단계는 1990년대 초반부터 시작되었음을 알 수 있다. 1990년대 이후 FDI 순유출의 흑자는 1997년에 시작된 IMF 금융위기 이후 수년 동안 적자로 돌아섰다가 2000년대 초반 이후부터 다시 흑자로 돌아섰으며, 이후 흑자폭은 더욱 커져서 2015년에는 FDI 유출이 유입의 약 2배에 달하여 FDI 순유출은 거의 200억 달러에 이르고 있다.

FDI의 발전 주기 가설에 의하면 선진국들의 뒤를 이어 FDI 유출이 시작되는 2단계에 먼저 접어들었던 대표적인 나라들은 아시아의 신흥공업국들인 한국, 대만, 홍콩, 싱가폴 등이었다. 이들은 1980년대 중반 이후부터 1990년대에 이르러서 FDI 유출이 활발히 진행되기 시작하였다. 그리고 이들의 뒤를 잇는 국가들이 중국과 인도 등의 개발도상국으로서 FDI 유입이 상당히 축적된 이후인 2000년대 이후부터 FDI 유출이 본격적으로 증가하고 있다[2)]

2-2-6 한국기업의 해외직접투자에 대한 이론적 접근

한국기업의 FDI를 하나의 이론으로 완벽히 설명한다는 것은 사실상 어려운 일이다. 시대 별로 그 특징을 달리하고 있기 때문에 여기서는 1990년대 이전의 한국기업의 FDI 초창기와 앞 절에

2) 중국과 인도 기업의 FDI에 대한 실증연구는 최근 들어서 많이 등장하고 있는데 대표적인 연구로서 Beule & Bulcke(2012)가 있다.

서 집중적으로 다루었던 1990년대 이후로 나누어서 논의하겠다.

1980년대까지의 한국기업의 FDI는 비록 전체적인 액수는 적었으나 비교적 뚜렷한 특징을 보였다. 즉 국내에서 경쟁력을 잃어가는 노동집약적인 산업의 중소기업들을 중심으로 주로 동남아 지역에 투자가 집중되었다. 이러한 특징은 Kojima(1978)와 Ozawa(1979) 등의 일본학자들이 주장하였던 1970년대 당시의 일본기업의 FDI 패턴과 거의 정확하게 일치한다. 역시 국내에서 수출에 주력하였던 노동집약적인 산업의 일본기업들이 당시 급격한 국내 임금상승으로 인한 경쟁력 저하의 문제에 직면하여 한국, 대만, 동남아 등지의 인근 국가로 생산시설을 옮기기 시작하였다.

이와 같은 패턴은 1950-60년대의 미국기업의 FDI를 대상으로 설계된 제품수명주기 이론에 의해 잘 설명된다. 이 이론의 핵심은 수출시장을 방어하기 위해 성숙기와 표준화 단계 제품의 생산입지로서 유리한 곳에 FDI를 수행한다는 것이다. Wells(1977, 1978, 1983) 또한 제품수명주기 이론의 보편성을 강조하기 위해 1970년대 중반 이후 등장하기 시작한 개발도상국의 다국적기업들의 FDI 패턴이 이 이론에 잘 들어맞는다고 주장하였다.

그러나 제품수명주기 이론은 FDI의 발생 요인을 각국의 노동비용의 차이 등과 같은 거시환경 변수를 가지고 설명하고 있으나, 한 국가 내에서도 모든 기업이 FDI를 실행하는 것도 아니며 또한 피투자국에 진출하더라도 모든 기업이 다 경쟁에서 생존하는 것도 아니다. 따라서 제품수명주기 이론 단독으로는 FDI를 명확히 설명하기는 어렵고 FDI의 의사결정권자로서 기업이 왜 해외에 생산시설을 설립하는지를 설명하기 위해서는 결국 독점적우위 이론이나 내부화 이론으로 돌아가야 한다고 보겠다.

1990년대 이전에 한국과 같은 개발도상국 혹은 제 3세계 다국적기업들의 독점적 우위를 탐색하기 위한 연구들은 이미 일찍이 등장하였다. Lecraw(1979), Jo(1981), Ting(1981), 그리고 Chen(1983, 1984)은 각각 남미, 한국, 대만, 그리고 홍콩기업들의 독점적 우위가 무엇인지를 조사한 결과, 이들이 공통적으로 밝혀낸 것이 바로 적정 기술(appropriate technology)을 보유하고 있다는 사실이다.

이 적정 기술의 실체가 바로 Kojima(1978)와 Ozawa(1979)가 지적했던 초창기 FDI에 나섰던 일본기업들이 독점적 우위로서 활용하였던 그 기술과 거의 정확히 일치하는 개념이다. 즉 당시 미국과 같은 선진국 기업들이 보유한 고도의 기술이 아닌 개발도상국 단계의 피투자국의 경제 상황에 맞는 노동집약적 기술을 원천으로 한 것이다. 사실 이러한 기술은 선진국 기업들의 고도화된, 대량생산을 바탕으로 한 자본집약적인 기술과 현지국의 초보적인 기술의 중간 단계에 위치한 기술이라고 볼 수 있다. 따라서 적정 기술을 보유한 개발도상국 기업들은 저개발국에 진출하여 각각 현지에 진출한 선진국 기업들 및 현지 기업들과의 경쟁에서 유리한 위치에 놓일 수 있는 것이다.

뒤 이어 1980년대 한국기업의 FDI를 조사한 Kumar & Kim(1984)과 Euh & Min(1986) 역시 한국기업들이 현지국에 적합한 기술을 갖췄으며, 그 외에 현지 환경에 잘 적응할 수 있는 조직능력과 보다 유연한 조직관리 시스템을 보유한 점이 현지에 진출한 선진국 기업과의 경쟁에서 생존할 수 있는 우위라고 보았다.

1990년대 이후 한국기업의 FDI는 보다 다양한 형태로 진화하고 있다. 이전의 노동집약적인 중소 규모의 제조업종 중심의 투자에서 더 나아가 앞 절에서 살펴보았듯이 업종별, 투자지역별, 기업규모별로 다양화 하고 있다. 중소기업들은 노동비용을 절감하기 위해 중국과 동남아 지역으로의 투자를 여전히 선호하고 있으며, 대기업들은 현지시장 확보 및 규모의 경제를 위한 글로벌 생산기지의 구축 목표 하에 선진국과 개발도상국 가리지 않고 대규모 투자를 확대하고 있다.

이러한 상황에서 하나의 이론을 가지고 현재 한국기업의 FDI의 모든 면을 완벽하게 설명한다는 것은 사실 쉽지 않다. 우선 한국 중소기업들의 FDI는 과거 일부 학자들이 주장했던 것처럼 제품수명주기 이론이 예측한 패턴을 따르는 것으로 보인다. 즉 이 이론에 의하면 수출경쟁력을 잃어가는 상황에서 국내에서 노동비용이 낮은 국가로 생산시설을 이전하고, 이후 다시 가격인하 압박으로 더 낮은 임금을 찾아서 생산기지를 옮긴다는 것이다. 이와 마찬가지로 한국도 중소기업들을 중심으로 1차 생산기지였던 중국의 경영환경의 악화로 인하여 공장을 생산비용이 더 낮은 동남아 각국으로 또 다시 이전하는 양상을 보이고 있다. 아래의 [사례 2-12]는 현재 한국기업에게서 나타나는 이러한 현상의 한 단면을 잘 보여주고 있다.

[사례 2-12] "한국 제조업 탈(脫) 중국, 동남아에 공장 더 짓는다"

작년 중국에서 매출 2조원을 돌파한 이랜드는 앞으로 OEM(주문자생산방식)을 제외하고 중국에 제조공장을 세울 계획이 없다. 대신 최근 몇 년 사이 베트남·스리랑카·인도 등지에 직영 공장을 잇달아 세웠다. 중국 현지 임금이 올라 채산성이 크게 떨어진다고 봤기 때문이다. 이랜드 관계자는 "이제 중국은 거대한 소비시장이지, 제조공장으로서의 역할은 많이 죽었다"고 말했다.

탈(脫)중국 현상은 수치로도 나타난다. 3일 수출입은행에 따르면 작년 1~9월 한국 기업들의 대(對)중국 제조업 투자액은 13억 9,000만 달러였다. 반면 베트남·인도네시아·말레이시아·태국·필리핀 등 동남아 주요 5개국에 대한 투자액은 16억 6,300만 달러를 기록했다. 한국 기업들이 중국보다 동남아에 더 많은 공장을 지었다는 의미다.

한국기업의 중국과 동남아에 대한 제조업 투자액이 역전된 것은 1992년 8월 한·중 수교 이후 20년 만에 처음이다. 한·중 수교 이후 한국 기업이 인건비가 싼 중국으로 공장을 이전하는 것이 대세(大勢)였던 점을 감안하면 동북아 분업 질서에 구조적인 변화가 일어나고 있는 것이다. 한국도 일본·미국 등 다국적기업과 함께 '탈 중국'대열에 본격 합류한 것이란 분석도 나온다.

한국 제조업의 중국 공장 이전 붐은 2004~2007년이 피크였다. 2004년 한 해 동안 신규 제조법인 1,673개를 중국내에 세웠다. 하지만 이후 점차 줄어들더니 지난해 1~9월 사이엔 273건으로 감소했다.

◇ 저임금 좇아 동남아로

변화의 결정적인 계기는 중국의 인건비 때문이다. 중국 내 임금은 2000년대 중반이후 매년 두 자릿수 인상률을 기록했다. 일본무역진흥기구(JETRO)에 따르면, 지난해 10월 기준으로 중국 제조업 근로자들의 월 기본금은 328달러(35만원)로, 필리핀(253달러)·베트남(145달러)·미얀마(53달러)에 비해 높다. 경제 발전 속도가 빨라 인건비가 상대적으로 높은 중국 동부 해안지역은 월 60만~70만원 수준인데, 3년 내로 100만원 정도가 될 것이란 전망이다. 월 120만원 수준인 국내 최저임금과 별 차이가 없다.

중국 내 임금이 뛰면서 한국기업의 동남아 이전이 눈에 띄게 늘었다. 재작년 한국기업은 인도네시아에 93건(8억 4,600만 달러)의 신규 공장 사업을 투자, 사상 최고치를 기록했다.

일본과 미국 기업은 한국에 앞서 탈 중국 현상을 보였다. 일본의 경우 센카쿠(중국명 다오위다오) 영토 문제를 둘러싼 중국 내 반일 감정 때문에 동남아행 '기획 이전'을 적극적으로 펼치고 있다.

중국에서 프린터·DVD 등을 생산하는 일본 후나이전기는 2011년 회계연도에 90%였던 중국 생산비율을 50%로 낮추기로 했다. 대신 필리핀의 마닐라 등에 새로운 공장 가동을 준비하고 있다. 일본 최대 유통업체인 이토요카도는 80%였던 중국 내 생산비율을 30%까지 낮출 예정이다.

◇ 국내 유(U)턴도 저울질

지금까지 중국에 투자한 한국 제조업체는 1만 6,235개나 된다. 이 중 상당수는 국내로 유(U)턴 움직임을 보이고 있다. 작년 보석가공업체 23곳이 산둥성(山東省) 칭다오(青島)에서 전북 익산단지로 옮겨온 것이 대표적이다. 충북도도 중국 내 한국 기업 1,000곳에 공문서를 보내 유턴 의사를 타진하고 있다.

이 외에도 현재 코트라(KOTRA) 유턴기업지원센터를 통해 유턴을 추진 중인 기업만 40~50개에 이른다. 정연중 전문위원은 "아세안 국가의 임금도 오르는 추세여서 '메이드 인 코리아'의 브랜드 가치를 살려 선진시장에 진출하겠다는 기업의 상담 건수가 늘고 있다"고 말했다.

◇ 중국 공장, 내수시장용으로 재편 중

그렇다면 중국은 세계 '제조공장'으로서의 위치를 잃는 것인가, 전문가들은 "단순 노동집약적 제조업에서 고부가가치로 옮기고 있는 것이지 제조업 자체가 몰락한다고 단언하기 어렵다"는 분석을 내놓고 있다.

장윤종 산업연구원 박사는 "중국 정부가 외국 기업들에 '무조건 환영한다'에서 '무얼 갖고 왔느냐'는 식으로 태도를 바꾸고 있다"며 "중국 상황 변화를 시시각각 살펴야 한다"고 말했다. 삼성전자가 산시성(陝西省) 시안(西安)에 8조원을 들여 반도체 공장을 세우는 것도 중국 정부의 고부가가치 공장 유치의 일환이다.

유필화 성균관대 경영전문대학원 원장은 "중국에서 이탈하는 것은 아직 저임금을 바탕으로 한 업종"이라며 "세계 최대 소비 시장으로 떠오른 중국 시장을 공략할 현지 공장은 여전히 중요한 의미를 갖는다"고 말했다.

(출처: 조선비즈닷컴, 2013. 3. 4)

비록 노동비용 절감을 위해 중국을 떠나 동남아로 생산기지를 옮기는 기업들이 늘어나고 있으나 중국의 내수시장 확보가 목표인 주요 대기업들과 중소기업들은 여전히 중국에서의 생산을 고수하고 있다. 동남아에서 생산된 제품들을 중국시장으로 수출하기에는 관세 및 운송비의 부담이 만만치 않기 때문이다. 이런 측면에서 봤을 때 FDI의 발생을 시간의 흐름에 따른 각국 기업들의 경쟁 격화와 공장 입지의 생산비용의 변화에 초점을 맞추어 설명하고 있는 제품수명주기 이론은 현재와 같은 기업들의 다양한 투자동기를 모두 포용하는 데는 한계가 있다.

현존하는 FDI 이론 중에선 그나마 Dunning이 제시한 절충이론이 한국기업의 FDI를 비교적 잘 설명하고 있다고 판단된다. 왜냐하면 한국기업의 FDI는 특히 입지적 요소를 빼놓고 설명하기 어렵기 때문이다. 현재 한국 대기업들의 독점적 우위는 기술노하우, 차별화된 마케팅 및 경영관리 능력, 규모의 경제를 이용한 가격 경쟁력 등에 바탕을 두고 있다. 이러한 것들은 바로 독점적 우위이론이 제시하고 있는 선진국 기업들의 우위와 거의 차이가 없다. 한국의 대기업들은 이러한 우위를 바탕으로 규모가 큰 해외시장에 진출하여 피투자국이 제공하는 입지적 요소들과 결합하여 생존력을 키워 나가고 있다.

반면에 한국의 중소기업들의 경쟁우위는 피투자국에 적합한 기술을 바탕으로 현지 환경에 잘 적응할 수 있는 조직관리 능력에 바탕을 두고 있다. 이러한 우위는 특히 노동비용 측면에서 유리한 입지 조건을 갖춘 투자 대상국을 시기적절하게 선정하는 것이 중요하다. 따라서 만약 현지 환경에 적절하게 대응할 수 있는 유연한 조직과 경영관리 시스템을 갖춘 중소기업이라면 해외에 진출하여 경쟁을 함에 있어서 대기업들보다 더 유리한 위치를 점할 수 있다.

제3장

해외직접투자의 결정요인에 관한 문헌연구 –
피투자국의 입지적 요인을 중심으로

제3장

해외직접투자의 결정요인에 관한 문헌연구 – 피투자국의 입지적 요인을 중심으로

FDI 이론 중에서 많은 지지를 받고 있는 절충이론에 의하면 FDI는 3가지 우위(소유의 우위, 내부화 우위, 입지적 우위)가 모두 충족되었을 때 발생한다고 주장 한다[3]. 지금까지 3가지 우위가 무엇인지를 구체적으로 밝혀내기 위한 많은 이론적 혹은 실증적 연구들이 수행되었지만, 그 가운데서도 특히 입지적 우위(혹은 열위)를 설명하기 위한 연구들은 절충이론이 소개되기 이전부터 등장하여 최근까지도 꾸준하게 발표되고 있다. 이 연구들은 피투자국의 어떠한 요인들이 FDI를 끌어들이거나 혹은 기피하게 만드는지를 실증적으로 조사하였다.

여기서는 FDI의 입지적 결정요인을 조사한 선행 실증연구들을 다음과 같이 3가지의 주요 요인들을 중심으로 정리하였다[4]

3) 절충이론에 대해선 제 2장의 2절에서 자세히 설명하고 있다.

4) FDI의 입지적 결정요인들을 분석한 국내외 주요 논문으로는 Lall(1997)과 김경(2011)의 연구가 있다.

3-1 경제적 요인

FDI의 입지적 결정요인 중에서 경제적 요인에 초점을 맞춘 연구들이 초기에 가장 관심을 보였던 변수는 피투자국의 시장규모다. 시장규모는 일반적으로 국가의 GDP로 측정되는데, Scaperlanda & Mauer(1969)는 EC 지역에 진출한 미국기업들, 그리고 Leftwich(1973)는 미국에 투자한 외국기업들을 대상으로 조사한 결과 시장규모가 FDI의 유입에 정(+)의 영향을 미친다는 사실을 밝혀냈다. 즉 시장규모가 큰 국가일수록 FDI가 많이 유입된다는 것이다. 그 이후 역시 EC 지역에 대한 FDI를 조사한 Lunn(1980)과 Scaperlanda & Balough(1983)의 연구에서도 동일한 결과가 나타났다.

초기에는 대부분 선진국에 진출한 기업들의 투자를 대상으로 조사하였으나, 추후 개발도상국에 진출한 기업들을 대상으로 조사한 연구들에서는 그 결과가 서로 다르게 나타났다. 즉 O'Sullivan(1985)과 Vasconcellos(1988)의 연구에서는 피투자국의 시장규모가 FDI의 유입에 부(-)의 영향을 미치거나 혹은 유의하지 않은 것으로 각각 드러났으나, 동유럽과 파키스탄에 각각 투자한 기업들을 대상으로 조사한 Resmini(2000)와 Mugal & Akram(2011)의 연구에서는 선진국에 투자한 기업들의 경우와 마찬가지로 시장규모와 FDI의 유입 간에 정(+)의 상관관계를 보였다.

이 연구들은 실증분석에 있어서 종속변수로서 FDI의 유입액, 그리고 독립변수로서 시장규모의 측정치로 모두 GDP를 사용했음에도 그 결과는 서로 차이를 보였다. 이러한 차이는 투자대상국으로서 선진국과 개발도상국에 대한 투자동기의 차이 때문에 비롯된 것으로 해석된다.

즉 선진국 시장에서는 내수시장 판매동기가 크게 작용하기 때문에 시장규모가 중요한 영향을 미치는 반면, 개발도상국의 경우에는 제 3국으로의 수출 목적의 투자가 중요한 투자동기로 작용하기 때문에 현지 시장규모는 별다른 영향을 미치지 않는 것으로 판단된다.

시장규모 외에 경제적 요인으로서 주목을 받았던 또 하나의 변수는 노동비용이다. 이 변수를 채택한 선행연구들은 거의 대부분 개발도상국에 유입된 FDI를 대상으로 조사하였다. Riedel(1975)은 타이완에 진출한 기업들을 대상으로 분석한 결과, 노동비용은 FDI의 유입에 부(-)의 영향을 미치는 것으로 나타났다. 즉 노동비용이 낮을수록 FDI의 유입이 증가하는 것으로 드러났다. 이후 Agarwal(1976)과 Juhl(1979)은 독일기업의 각각 아시아와 중남미 지역의 개발도상국에 대한 직접투자에 있어서 노동비용이 역시 중요한 역할을 하는 것을 밝혀냈다.

그리고 헝가리와 중국과 같은 체제전환국으로 유입된 FDI를 대상으로 조사한 Wang & Swain(1995)의 연구 역시 동일한 결과를 보여주고 있다. 또한 중국에 유입된 FDI를 대상으로 29개 지역별로 나누어 분석한 Cheng & Kwan(2000)의 연구에서도 시장규모는 FDI에 정(+)의 상관관계를 보인 반면에 노동비용은 부(-)의 상관관계가 나타났다. 그리고 미국기업의 FDI를 조사한 최근의 Flores & Aguilera(2007)의 연구에서도 이와 동일한 결과를 보였다. 즉 시장규모는 FDI의 유입에 정(+)의 영향, 그리고 노동비용은 부(-)의 영향을 미치는 것으로 밝혀졌다.

시장규모와 노동비용 외에 경제적 요인으로서 기타 다양한 변수들이 선행연구들에 의해 채택되었다. Scaperlanda & Balough(1983)는 피투자국의 관세장벽이 FDI의 유입에 부정적인 영향을 미친다는 결과를 보여주었다. 그리고 Billington(1991)은 7개 주요 선진국에 대한

FDI 유입액을 대상으로 조사하였는데 시장성장률, 실업률, 법인세율, 이자율 등이 통계적으로 유의한 변수들로 나타났으며, BRICs 국가로 유입된 FDI를 대상으로 분석한 Vijayakumar 등(2010)의 연구에서는 환율과 사회간접자본이 통계적으로 유의한 변수들로 밝혀졌다. 개발도상국인 파키스탄을 대상으로 조사한 Mugal & Akram(2011)의 최근 연구에서도 역시 시장규모와 더불어 환율과 법인세율이 FDI 유입의 중요한 결정요인임을 밝혀냈다.

한편 Chakrabarti(2001)는 선행연구들의 결과에서 유의하게 나타났던 경제적 요인의 변수들 중에서 어떤 것들이 FDI 유입에 보다 더 밀접하게 영향을 미치는지를 민감도 분석을 통하여 조사하였다. 그 결과 시장규모가 가장 중요한 변수로 나타났는데, 시장규모의 측정치로서 GDP보다는 1인당 GDP 즉 소득수준으로 측정하였을 때 FDI의 유입에 더 큰 영향을 미치는 것으로 드러났다. 반면에 노동비용은 무역개방 정도 다음으로 3번째의 중요한 변수임이 밝혀졌다.

한편 미국 제조업의 FDI를 대상으로 조사한 최근의 Mataloni(2011)의 연구결과는 흥미로운 결과를 보여준다. 즉 FDI의 입지 선택에 대한 기업의 의사결정은 단계별로 이루어진다는 것이다. 처음에는 국가의 선택이 먼저 결정되고 그 이후에 지역의 선택이 이루어지는데, 이 과정에서 종업원의 기술이나 인프라 구축 등과 같은 피투자국의 생산성 향상과 관련된 요인들이 중요시 되는 반면에 노동비용과 같은 생산요소의 가격 요인은 중요하게 고려되지 않는다는 연구결과를 보여주었다.

3-2 정치적 위험 요인

FDI의 입지적 결정요인으로서 경제적 요인 다음으로 선행연구들이 주목하였던 것은 정치적(위험) 요인이다. 정치적 위험(political risk)이란 한 국가 내에서 예측하기 어려운 정치적 환경의 변화가 발생하여 그 국가에 투자한 외국기업들에게 재산상의 손실이나 경영상의 불이익을 입힐 가능성을 말한다. 외국기업들은 재산상의 손실을 우려하여 정치적으로 불안정한 국가에 대한 직접투자를 꺼리게 되며, 따라서 정치적 위험과 FDI의 유입 간에는 부(-)의 상관관계를 보인다는 것이 학계의 일반적인 주장이다.

그러나 Piper(1971)와 같은 일부 학자들은 국내에서의 투자 결정에 있어서 정치적 변수가 크게 중요시 되지 않는 것과 마찬가지로 FDI를 실행하는 데 있어서도 피투자국의 정치적 위험은 기업의 투자에 있어서 중요한 고려 대상이 아니라는 견해를 내세우고 있다. 이러한 상반된 주장이 존재하듯이 여러 선행 실증연구들의 결과들 또한 서로 다르게 나타났다.

선진국 기업의 개발도상국에 대한 FDI를 대상으로 한 선행연구들 가운데 Root & Ahmed(1979), Levis(1979), Schneider & Frey(1985), 그리고 Wang & Swain(1995)의 연구에서는 정치적 위험과 FDI의 유입 간에 부(-)의 상관관계를 보이고 있음을 밝히고 있다. 반면에 Bennet & Green(1972), Green & Cunningham(1975), Kobrin(1976), 그리고 Wheeler & Mody(1992)의 연구에서는 정(+)의 상관관계 또는 유의하지 않은 결과가 나타났다.

이러한 상반된 연구결과에 대해서 몇몇 학자들은 다음과 같은 해석을 내놓고 있다. Thunell(1977)은 피투자국의 정치적 불안정에 대해서 기업들이 느끼는 위험의 정도가 투자국별 또는 산업별로 차이가 나기 때문에 표본의 차이에 따른 연구결과가 서로 다르게 나올 수 있다고 지적했다. 또 다른 이유로서 실증연구들 간에 정치적 위험에 대한 개념적 정의의 차이 혹은 변수의 측정상의 오류 때문이라고 지적하는 학자들도 있다.

특히 Agarwal(1980)은 선행 연구들이 흔히 피투자국에 존재하는 정치적 불안정과 다국적기업들이 감지하는 정치적 위험의 개념을 혼동하고 있다고 지적하며, 한 국가의 정치적 불안정의 존재가 반드시 다국적기업들이 느끼는 정치적 위험을 증대시키는 것은 아니라고 주장한다. 예를 들어, 좌익 정권의 경우에 정치적 불안정의 결과로 인하여 만약 민주적이거나 혹은 우익 독재정권이 뒤이어 탄생한다면 이는 기업의 입장에서 반드시 불리하게 작용하지는 않는다는 것이다. 그리고 투자된 재산의 손실에 대비한 보험이나 기타 보증제도를 이용함으로써 다국적기업들은 정치적 위험에 따른 위험을 줄일 수도 있기 때문에 정치적 위험의 FDI에 대한 부정적인 효과는 감소하게 된다는 주장이다.

정치적 위험을 FDI의 입지적 결정요인의 중요한 변수로 다루었던 실증연구들은 국가 간의 정치적 이념 대립이 첨예하였던 1970~80년대에 주로 활발히 등장하였다가 1990년대 이후에는 많은 개발도상국들이 FDI를 적극적으로 수용하는 정책을 내세우는 추세에 따라 정치적 위험에 초점을 맞춘 연구들이 근래에는 비교적 잠잠하였다. 최근 동유럽의 체제전환국들에 유입된 FDI를 분석한 Bevan & Estrin(2004)의 연구에서는 시장규모, 노동비용 등의 경제적 요인 변수들은 FDI의 유입에 통계적으로 유의한 정(+)의 영향을 미치나 정치적 위험 변수는 통계적으로 유의한 영향을 보이지 않는다는 결과가 나왔다.

3-3 제도적 요인

1990년대 이후부터 최근까지 FDI 유입의 결정요인을 분석한 선행연구들이 집중적으로 주목한 것은 피투자국의 여러 가지 제도적 요인(institutional factor)과 관련된 변수들이다. 특히 초기의 연구들은 주로 피투자국 정부의 다양한 정책들에 초점을 맞추었다. 우선 Mudambi(1995)는 FDI를 유치하기 위한 피투자국 정부의 각종 인센티브(세금 혜택 등) 제공이 사회간접자본의 구축 등과 같은 입지적 요인들보다 더 중요한 영향을 미친다는 것을 밝혀냈다. Loree & Guisinger(1995) 역시 투자 인센티브 제공, 법인세율, 성과 요구(performance requirements) 등과 같은 정책적 변수들이 FDI 유입에 통계적으로 유의한 영향을 미친다는 것을 실증 연구결과로 보여주었다.

한편 Mauro(1995)와 Lee & Mansfield(1996)는 피투자국의 지적재산권 보호가 FDI의 유입에 긍정적인 영향을 미친다는 결론을 도출하였다. 그 외에 Gastanaga 등(1998)은 피투자국 정부의 관료적 무능함, 그리고 Brunetti & Weder(1999)는 피투자국 정부의 투명한 법규 준수 여부가 FDI 유입의 중요한 결정요인임을 입증하였다. 또한 Globerman & Shapiro(1999)는 피투자국 정부의 FDI 유입에 대한 까다로운 심사절차가 FDI 유입에 부정적임인 영향을 미친다는 것이 연구결과로 드러났고, Altomonte(2000)는 피투자국의 공정한 법적·제도적 체계의 구축이 FDI 유입에 긍정적인 영향을 미친다는 사실을 밝혀냈다. 그리고 Kinoshita & Campos(2002) 역시 법의 엄격한 준수, 관료체계의 신뢰성 등과 같은 제도적 요인들이 FDI 유입에 긍정적으로 작용하고 있음을 보여주었다.

아울러 Li & Resneick(2003)은 국민의 정치참여의 자유, 공무원 선발의 개방성, 고위 공무원에 대한 감독 등의 복합변수로 측정된 피투자국의 민주주의 수준이 FDI의 유입에 긍정적인 영향을 미친다는 연구결과를 이끌어 내었다. Aizenman & Spiegel(2003)은 국가의 제도적 효율성, 그리고 Flores & Aguilera(2007)는 국가의 신뢰도가 FDI의 유입에 긍정적인 영향을 미친다는 사실을 입증하였다. 또한 Bevan & Estrin(2004)은 피투자국이 체제전환국의 경우에 기업의 사유화 정도, 환율 및 무역자유화, 그리고 법체계의 확립 등과 같은 제도적 요인들이 FDI의 유입에 중요한 영향을 미친다는 연구결과를 보였다.

제도적 요인으로서 최근에 가장 빈번하게 다루어지는 연구주제는 피투자국의 부패 수준이 FDI 유입에 어떠한 영향을 미치는가와 관련된 것이다. Wei(2000)는 피투자국의 부패 수준이 높아질수록 법인세율을 올리는 것과 같은 효과가 나타내기 때문에 부패 수준이 높은 나라일수록 FDI의 유입이 위축된다고 주장하였다. 그에 의하면 싱가포르의 부패 수준에서 멕시코의 수준으로 부패 수준이 높아지면 투자기업의 입장에서는 법인세율을 50% 정도 더 높이는 것과 마찬가지로 FDI의 유입에 부정적인 영향을 미친다고 추정하였다.

그 외에 많은 연구들(예를 들면, Smarzynska & Wei, 2000; Habib & Zurawicki, 2002; Zhao 등, 2003; Voyer & Beamish, 2004; Cuervo-Cazurra, 2008; Williams, 2009) 또한 부패 수준과 FDI 유입 사이에 부(-)의 상관관계가 존재함을 입증하였으며, 특히 Drabek & Payne(2001)은 부패 수준을 포함하여 법질서의 준수, 관료제도의 효율성 등을 포함한 복합 지수로 측정된 정책의 투명성 정도가 높을수록 FDI의 유입이 증가한다는 사실을 밝혀냈다.

최근 들어서는 부패 수준보다 더 포괄적인 개념으로서 피투자국의 지배구조(governance infrastructure) 또는 지배기관(governance institution)이 FDI의 유입에 어떠한 영향을 미치는지에 초점을 맞춘 연구들 또한 등장하고 있다. 국가의 지배구조는 거래의 자유, 재산권의 보호, 정부의 투명성, 그리고 엄격한 법률의 적용 등을 보장하는 제도적 장치로 정의되고 있다(Globerman & Shapiro, 2003). Globerman & Shapiro(2002, 2003)는 선진국과 후진국을 포함한 여러 국가들을 대상으로 조사한 결과, 일정 수준 이상의 지배구조를 갖추지 못한 국가들은 FDI의 유입을 기대하기 힘든 것으로 나타나 지배구조의 투명성과 FDI의 유입 간에는 정(+)의 상관관계가 있다고 밝혔다.

Sethi 등(2003)의 연구에서는 지배구조라는 용어 대신에 우호적 투자환경(investor-friendly environment)이란 표현을 사용하였는데, 이 연구 역시 피투자국의 우호적 투자환경이 FDI의 유입에 중요한 영향을 미치는 것은 사실이나 이는 선진국보다는 개발도상국의 경우에 더 중요하게 작용한다는 것을 밝혀냈다. 반면에 Benassy-Quere 등(2005)은 공적인 효율성(public efficiency)이라는 용어를 사용하였으며 이는 조세체계, 기업설립의 용이성, 정부정책의 투명성, 재산권의 보호, 사법기관의 독립성 등으로 측정되었다. 이 연구의 결과 역시 공적인 효율성의 정도가 높을수록 FDI의 유입이 대체적으로 증가하는 깃으로 드러났다. 그런데 이 연구에서의 한 가지 흥미로운 결과는 투자국과 피투자국 간에 공적인 효율성 정도의 차이가 클수록 양국 간의 FDI 투자액은 줄어드는 경향이 있다는 점이다.

Lskavyan & Spatareanu(2008)는 측정변수로서 지배구조 외에 특허권 보호 정도, 정부의 부패 정도 등 여러 가지 변수들을 포함하여 실증분석을 실시한 결과, 대부분의 변수들이 FDI의 유입에 통계적으로 유의한 영향을 미치는 것을 밝혀냈다. 동시에 이 연구에서는 투자기업의 규모가 클수록 FDI의 유입에 대한 지배구조의 부정적 효과는 감소하는 것으로 나타났다. 그 이유는 규모가 큰 기업은 피투자국 지배구조의 부정적 효과를 어느 정도 감소시킬 수 있는 역량을 갖추고 있기 때문인 것으로 해석된다.

한편 피투자국의 지배구조를 독립변수로 채택하였던 대부분의 연구들은 Kaufman 등(2003)이 개발한 복합지수를 측정변수로 사용하였는데 그 복합지수는 법의 준수, 부패의 통제, 정책과 규제의 질(regulatory quality), 정부의 효과성, 정치적 안정, 그리고 국민의 정책 참여의식(voice and accountability)의 6개의 항목으로 구성되었다. 국내에서 발표된 강석민(2010)의 연구에서도 Kaufman의 복합지수를 지배구조의 측정변수로 사용하여 미국기업의 FDI를 대상으로 실증분석을 한 결과, 피투자국의 지배구조 수준과 FDI의 유입 간에 정(+)의 상관관계가 존재함을 입증하였다.

그러나 Gani(2007)와 Daude & Stein(2007)은 Kaufman 등이 개발한 복합지수를 사용하는 대신에 그 6개의 항목 각각을 독립변수로 채택하여 각 개별 항목들이 FDI의 유입에 어떤 영향을 미치는지를 조사하였다. FDI의 연간 유입액을 종속변수로 사용한 Gani(2007)의 연구에서는 '국민의 정책 참여의식' 변수를 제외한 5개의 변수 모두 긍정적인 영향을 미치는 것으로 드러난 반면에, FDI 누적액을 종속변수로 채택한 Daude & Stein(2007)의 연구에서는 '정책과 규제의 질'과 '정부의 효과성'만이 일관되게 유의한 영향을 미치는 것으로 밝혀졌다.

Wernick 등(2009)은 Kaufman 지수의 6개 항목 간에 상관관계가 매우 높다는 사실에 주목하여 이 항목들에 대한 요인분석을 실시한 결과 1개의 압도적인 구성요인을 추출하였고 이를 정치적 매력도(political attractiveness)라는 명칭으로 불렀다. 그리고 이를 독립변수로 사용하여 64개의 개발도상국을 대상으로 실증분석을 한 결과

'정치적 매력도'는 FDI의 유입에 긍정적인 영향을 미치는 것으로 드러났다.

다음의 〈표 3-1〉은 지금까지 논의된 피투자국의 제도적 요인과 FDI의 유입 간의 관계를 조사한 주요 실증연구들과 그들이 실제 사용한 측정변수를 요약하여 보여주고 있다.

〈표 3-1〉 제도적 요인과 FDI의 유입 간의 관계에 대한 주요 실증연구

독립변수	연구자	실제 사용된 변수
부패 수준	Brunetti & Weder(1999) Smarzynska & Wei(2000) Wei(2000) Drabek & Payne(2001) Habib & Zurawicki(2002) Voyer & Beamish(2004) Cuervo-Cazurra(2008) Williams(2009)	부패 수준, 법의 준수 부패 수준 부패 수준 투명성 지수 부패 수준 부패 수준 부패 수준 부패 수준
지배구조	Globerman & Shapiro(2002) Globerman & Shapiro(2003) Sethi 등(2003) Benessy-Quere 등(2005) Daude & Stein(2007) Gani(2007) Lskavyan & Spatareanu(2008) Wernick 등(2009) 강석민(2010)	지배구조 지수 지배구조 지수 우호적 투자환경 공공 효율성 지배구조 각 항목 지배구조 각 항목 지배구조 지수 정치적 매력도 지배구조 지수
기타 제도적, 정책적 요인	Mauro(1995) Mudambi(1995) Loree & Guisinger(1995) Lee & Masfield(1996) Gastanaga 등(1998) Globerman & Shapiro(1999) Altomonte(2000) Kinoshita & Campos(2002) Ri & Resnick(2003) Aizenman & Spiegel(2003) Bevan & Estrin(2004) Flores & Aguilera(2007)	지적재산권 보호 인센티브 제공 인센티브 제공, 성과 요구 지적재산권 보호 관료의 무능함 투자에 대한 까다로운 심사 법률, 제도적 체계 법의 준수, 관료의 질 민주주의 수준 제도적 효율성 법률체계, 자유화 정도 국가의 신뢰도

자료원: 김경(2011), p. 100에 나와 있는 내용을 수정 · 보완하였음.

제4장

국가의 부패와 해외직접투자

제4장

국가의 부패와 해외직접투자

4-1 부패 문제에 대한 국제사회의 관심 증가 배경

1990년대에 들어서 정부의 부패 문제가 전 세계인들의 공공의 관심사로 떠오르기 시작했다. 선진국과 개발도상국, 그리고 경제 체제에 관계없이 많은 나라들에서 뇌물 수수 등의 부패 문제로 인하여 정권이 몰락하고 또한 유력 정치인들이 기소되는 일들이 빈번히 발생하였다. 특히 이 시기에 세계 언론계에서 주목한 부패 문제는 2가지의 특징으로 요약된다(Lapalombara, 1994; p. 325). 첫째는 저개발국의 부패 문제보다는 프랑스, 스페인, 이탈리아, 일본 등의 선진 자유국가의 부패에 초점이 맞춰졌다는 점이다. 둘째는 부패에 연루된 당사자들의 정치적 지위와 부패의 사회적 후유증이 전례가 없을 정도로 거대하다는 점이다.

그러나 부패 문제가 근래에 갑자기 생겨난 것은 아니고 이미 2000

여 년 전에 인도 왕국의 재상 카우틸랴(Kautilya)는 부패에 관한 책을 발간하였고, 700여 년 전에는 단테가 뇌물을 제공하는 자는 지옥의 가장 깊은 나락에 떨어질 것이라고 경고하였다. 그리고 세익스피어의 희곡에서도 부패 행위가 자주 등장하고 있으며, 또한 미국의 헌법에서도 반역과 더불어 뇌물 수수를 대통령에 대한 가장 중대한 탄핵사유로 다루고 있다(Tanzi, 1998; pp. 559-560).

이처럼 비록 부패가 인류의 역사와 함께 해온 만성적인 질환이라고 할 수 있지만 유사 이래 1990년대만큼 부패 문제에 대해 국제사회의 관심이 쏠렸던 적은 없었다. 1993년 5월에는 베를린에 본부를 두고 있는 비정부기관인 국제투명성기구(Transparency International: 이하 TI)가 결성되었으며, 이 기구는 1995년 이후부터 각국의 부패지수를 개발하여 매년 발표하고 있다. TI는 부패의 심각성을 널리 알림으로써 각국 정부와 국제기구들이 반부패 법률과 프로그램을 만들도록 압박을 가하고 있다. 아울러 기업과 같은 사적인 부문의 당사자들에게는 국제 상거래를 함에 있어서 부패 행위에 맞서도록 독려를 하고 있다.

다음의 [사례 4-1]은 1990년대의 부패 문제가 개발도상국들에서만 일어나는 국지적인 현상이 아니고 선진국들을 포함하여 전 세계에 만연된 심각한 문제임을 여실히 보여주고 있다.

[사례 4-1] "1994년 세계 - 타오르는 유럽의 반부패혁명"

세계의 뉴 패션을 주도하는 이탈리아의 저명 디자이너들이 요즘 정치권에 대한 뇌물공여사건으로 법의 심판대위에 올라서 있다.

이탈리아에서는 최근 정치인과 공무원들에게 뇌물을 준 혐의로 검찰에 기소되거나 조사를 받은 세계 유수 디자이너는 조르조 아르마니(60)를 포함해 7명이나 된다. 여배우 소피아 로렌이나 실비오 베를루스코니 총리의 부인인 베로니카 여사 등 저명인사들의 의상을 주로 디자인해 주가를 높이고 있는 아르마니는 세무공무원들의 압력에 못 이겨 어쩔 수 없이 뇌물을 바쳤다며 선처를 호소하고 있다.

아르마니는 "나는 정직한 사람이며 좋은 옷을 만들려 애쓰고 있으나 이탈리아에서는 정직하게 살도록 놔두지 않는다"며 구조적인 부패행위의 공범자가 될 수밖에 없는 사회분위기를 꼬집었다.

몇 년 전까지만 해도 보편적인 관행으로 인식돼 온 정·관계와 재계 사이의 공공연한 뇌물수수 행위 등과 같은 구조적인 부패의 먹이사슬은 3년여 전부터 타오르기 시작한 활화산 같은 반부패혁명에 의해 가차 없이 잘라내고 있다.

북부 밀라노시의 소장검사인 안토니오 디 피에트로와 콜롬보, 다비고 등 '3총사'가 기치를 든 이탈리아의 부패척결 운동은 그 파장과 역사성 때문에 사상 유례가 없는 반부패. 도덕성회복 혁명으로 승화됐다.

'마니 풀리테'의 서곡은 냉전적 사고가 지배하고 경제적 풍요를 누리던 1970-80년대였으면 쉽게 지나칠 뻔 했던 시시한 사건이 표면화되면서 울려 퍼지기 시작했다.

밀라노시에서는 관급공사를 따내기 위해 사회당에 불법정치자금을 제공해오던 한 중소 청소대행업자가 더 이상 돈을 대 줄 여력이 없어지자 이 사실을 사직당국에 고발하기에 이르렀다.

'마니 풀리테'의 불길은 바로 밀라노의 사정 '3총사'가 이 사건을 맡아 수사에 착수하면서부터 타오르기 시작했다. 사소한 부패사건을 끈질기게 물고 늘어져 결국 거대한 반부패물결을 일으킨 '3총사'의 눈부신 활약으로 이탈리아는 전후 40여 년간 견고하게 유지돼 온 기존의 정치지도를 다시 그릴 수밖에 없게 됐다.

노도와 같은 이탈리아의 반부패혁명은 그동안 개발도상국이나 탈공산주의를 거쳐 자본주의화 이행과정에 들어선 옛 소련 및 동구권 국가들에 모아져 온 구조적 부정부패문제의 초점을 선진 자본주의사회인 서유럽으로 돌려놓았다.

'마니 풀리테'의 불길은 프랑스로 옮겨 붙어 현 사회당정권의 각료들이 불법적인 개인치부 및 부정한 정치자금 조달 사실의 폭로와 함께 잇따라 사임, 사법처리 될 지경에 처함으로써 정·관계에 엄청난 지각변동을 예고하고 있다.

프랑스의 정치인 부패스캔들을 낱낱이 파헤치고 있는 주인공들도 바로 청렴강직한 소장 검사그룹. 이들은 이탈리아의 디 피에트로 검사 등 사정 '3총사'를 성역 없는 사정수사의 표본이자 우상으로 간주, 부패구조의 환부를 도려내기 위한 칼날을 세우고 있다.

점잖은 신사의 나라, 근대 민주주의의 산실인 영국도 부패스캔들의 소용돌이에 말려들어 헤어 나오지 못하고 있다. 정부각료들이 업자로부터 불법 향응을 받고도 이 사실을 은폐하다가 발각돼 옷을 벗는 사건이 속출, 존 메이저 총리가 이끄는 보수당정권의 목을 조르고 있다.

부패스캔들로 곤욕을 치루고 있는 이들 국가는 우선 정권차원의 위기를 극복해야 한다는 당장의 필요성과 함께 나라의 근간이 흔들리는 사태로까지 비화하지 않도록 여론을 다독거리기 위해 도덕관 재정립에 부심 중이다.

민심이 더 이상 등을 돌리면 정치생명은 끝장이라는 압박감에 사로잡혀 있는 이탈리아 국회의원들은 세금혜택을 반납하는가 하면 승용차를 자가운전하고 고급식당 안가기 운동을 펼치고 있다. 프랑스 정치인들은 여야를 불문하고 기업으로부터 더 이상 기부금을 받지 말아야 한다고 목소리를 높이고 있으며, 영국정부는 거국적인 반부패 특별위원회를 설치하겠다고 발표했다.

그러나 과연 각국정부가 고질화돼 있는 강한 부정부패의 연결고리를 쉽게 끊을 수 있을지, 국민들이 갖고 있는 심한 배신감을 어느 정도 치유할 수 있을지는 아직 미지수이다. 국민들은 정·관가의 부패구조를 타파하려면 언론과 사법기관의 감시기능이 강화되고 시민정신이 고양돼야 할 것으로 믿고 있다.

▲ 이탈리아 = '마니 풀리테'라는 외압에 의해 촉발된 정계개편 바람으로 전후 40년간 정치를 좌우해 온 기민당과 사회당이 공중 분해되고 이탈리아판 '로스 페로'로 불리어 온 미디어재벌 실비오 베룰루스코니 총리가 이끄는 신우파정권이 들어섰다.

기민당의 대부 줄리오 안드레오티 전총리는 불명에 정계은퇴 후에도 마피아와의 연루설이 나돌아 치명적인 이미지손상을 입은 채 칩거 중이다. 또한 1백여 년의 긴 전통을 자랑하면서 1980년대까지 '좋은 세월'을 구가한 사회당은 작년 2월 당시 서기장이었던 베티노 크락시가 부패스캔들에 연루돼 물러나면서 자중지란이 일어 결국 최근에 분당이라는 최악의 사태를 맞았다.

'죽음의 사정'이라는 '마니 풀리테'의 회오리 속에서 지탄의 대상이 돼 온 재벌그룹 총수들의 연쇄 자살사건이 터지는 등 엄청난 파문이 일었다. 베를루스코니 총리정권 출범이후, 디 피에트로 검사 등 사정의 선봉장들을 겨냥한 정권 및 기업차원의 역공이 없진 않지만 '가차없는 사정' '성역 없는 사정'을 요구하는 국민들의 목소리는 잦아들지 않고 있다.

▲ **프랑스 =** 불법적인 정치자금 조달과 개인 비리사건으로 현 정권의 막강한 산업장관을 비롯, 최근 4-5개월 사이에 3명의 각료가 사임했으며 알랭 카리뇽 체신장관의 경우에는 프랑스 제5공화국 36년 사상 전직 장관으로는 처음으로 구속돼 수사를 받고 있다.

르노 반 륌베크(42)와 필립 쿠르와(35) 등 소신 있고 지조가 강한 소장 판사들의 맹활약으로 정치인들의 부패상이 폭로되면서 정치위기가 심화되자 "근본적인 대책마련이 시급하다"는 여론이 높아지고 있다.

야당은 현 정권이 부분개각 등으로 사태를 해결하려는 미봉책에 급급하고 있다면서 정권의 전면퇴진을 요구하고 있다. 국민의회(하원)는 산하 부패방지위원회를 활성화, 정당에 대한 기업체의 부당한 기부행위를 뿌리 뽑겠다며 잔뜩 벼르고 있다.

▲ **英國 =** 지난 10월 각료급 인사 2명이 기업인으로부터 촌지와 향응을 받고도 당국에 이를 알리지 않은 사실이 드러나 옷을 벗은 사건을 기화로 공직자비리 스캔들이 확대되고 있다. 또 보수당 고위간부들도 부패스캔들에 연루된 사실이 새롭게 밝혀지면서 메이저 총리정권을 궁지로 몰아넣고 있다.

메이저 총리는 10월말, 위기해소를 위해 정부 안에 중립성향의 인물을 위원장으로 하고 야당인사들도 포함시킨 반부패특별위원회를 설치, 운영하겠다고 발표했다. 메이저 총리는 "의회가 위법행위로부터 완전히 자유로워야 한다는 것은 의회는 물론 정부의 바람이기도 하다"면서 비리척결에 적극 나설 것임을 분명히 했다.

(출처: 연합뉴스, 1994. 11. 25)

한편 세계적인 유력 언론매체인 Financial Times는 1995년도 12월 31일자 발간호의 논평에서 1995년을 '부패의 해(The Year of Corruption)'로 명명하고 그 심각성을 알렸다. 뿐만 아니라 1997년에는 OECD 국가들이 회원국 내에 모기업을 두거나 투자를 한 기업들의 뇌물공여 행위를 금지하는 조약에 서명을 하였다. 그리고 세계은행과 IMF는 부패 근절의 노력을 회피하는 국가들에게 더 이상 차관이나 자금을 지원하지 않겠다는 경고를 하였다(Zhao 등, 2003, p. 41).

이와 같이 1990년대 들어서 특별히 부패 문제의 심각성에 대한 국제사회의 관심이 고조되기 시작한데에는 몇 가지의 이유가 있다(Tanzi, 1998, pp. 560-561). 첫째, 제 2차 세계대전 이후 지속되던 냉전이 종식되면서 그 이전에 보였던 서구 각국의 부패에 대한 태도가 변하였다. 즉 냉전 시대에는 비록 부패한 국가라 하더라도 만약 그 정부가 우익정권인 경우에는 서구 국가들이 비난을 삼가는 일종의 정치적 위선 행위가 있었으나, 냉전이 종식되면서 서구 국가들이 부패 문제에 대해서 목소리를 내기 시작했다.

둘째, 구 소련연방과 같이 과거 억압된 정치체제 하의 국가들이 점차 민주적인 정부체제로 전환하면서 언론이나 방송들이 보다 적극적으로 부패 문제를 언급하기 시작하였다.

셋째, 기업의 글로벌화가 빠르게 진행됨에 따라 부패가 덜한 국가의 기업인들이 부패가 심한 나라의 관료들과 접촉할 기회가 많아졌기 때문에 부패 문제에 대한 관심이 더 늘어나게 되었다. 때때로 이 기업인들은 그 부패가 심한 국가에서의 사업계약에 있어서 뇌물을 주지 않았기 때문에 사업 참여가 배제되었다고 믿는다. 특히 미국의 기업들은 국내법에 의해 해외에서의 뇌물 제공이 범죄 행위로 처벌될 뿐만 아니고 외국관료들에게 제공된 뇌물이 세법에 의해 비용으로 공제되지도 않기 때문에 국제 경쟁에서 불리하다고 토로한다.

넷째, 국제투명성기구(TI)와 같은 비정부기관들의 역할이 점차 중요해지고 있다. 그들은 많은 국가들에서 활동하면서 부패 문제를 공론화함과 동시에 반부패 운동에 적극적으로 동참하고 있다.

이상과 같은 이유 때문에 국가의 부패 문제에 대한 전 세계인들의 관심이 고조되었을 뿐만 아니라 1990년대 이후 많은 나라들에서 부패 행위가 급증하게 된 환경적 배경 또한 지적되고 있다. 우선 경제적 측면에서 정부의 역할이 1990년대를 전후로 꾸준히 증가하여 왔다(Tanzi & Schknecht, 1997). 많은 국가들이 세율을 높이는 동시에 공공지출을 늘렸으며, 각종 규제 및 통제를 강화하였다. 이러한 조치들은 인허가권을 가진 정부관료들에게 더욱 많은 뇌물의 기회를 제공하는 결과를 낳는 것이다.

그리고 1990년대 이후에 동유럽을 비롯한 많은 국가들에서 나타난 현상으로서 사유화(privatization) 정책의 추진을 들 수 있다. 물론 사기업에 비해 공기업들이 정치인들의 부패 행위에 연루되기가 쉽기 때문에 사유화 정책 자체는 국가의 부패를 줄이는 방향으로 작용한다고 볼 수 있다. 하지만 정부가 사유화를 추진하는 과정에서 주요 의사결정권을 쥐고 있는 정책 입안자들은 다른 사람들이 접할 수 없는 정보를 가지고 그 내부인들끼리 막대한 사익을 챙길 기회가 많아지는 것이다. 실제로 그러한 행위들이 동유럽의 체제전환국 뿐만이 아니고 중남미 국가들에서도 암암리에 이루어지고 있음을 여러 보도를 통해 밝혀졌다(Kaufmann & Siegelbaum, 1996).

한편 부패의 심각성에 대한 국제사회의 경고는 21세기에 접어들어서도 여전히 줄어들지 않고 있다. 특히 세계적인 경제전문지 Economist는 2002년도 특집기사에서 부패 행위로 인한 전 세계 기업들의 실제 피해를 상세히 보도하였으며(The Economist, 2002. 3. 2), 또한 IMF의 최근 보고서에 의하면 전 세계적으로 연간 약 1조 5천억 달러에서

2조 달러의 뇌물이 오가는 것으로 추산되고 있다(IMF, 2016). 이는 세계 전체 국내총생산(GDP)의 약 2%에 해당되는 액수로서 실질적으로 부패로 인하여 세계 경제가 초래하는 비용은 연간 10조 달러가 넘을 것으로 예측되고 있다.

4-2 부패의 개념과 정의

부패는 한 사회를 구성하는 모든 요소에 영향을 끼치는 암적인 존재이며, 경제활동과 경제성장에 해를 끼치는 바람직하지 않은 행위로 알려져 왔다. 또한 부패는 효율적이고 생산적이기보다는 왜곡되고 속이려는 행위를 부추김으로써 올바른 의사결정을 저해하고 시장경제의 근간을 흔드는 결과를 낳는다(Voyer & Beamish, 2004, p. 211).

그러나 부패는 한 국가의 문화적, 정치적 및 경제적 요인들이 복잡하게 얽혀져 나타나는 현상으로서 그 정확한 개념에 대해서는 학자들 간에 의견이 조금씩 다르다. 아울러 급행료를 챙기는 행위와 같은 노골적인 것에서부터 서로 편의를 주고받거나 불법적인 중개료를 수취하는 등의 다소 암묵적인 행위까지 그 범위 역시 매우 넓다.

따라서 학자들이 주로 많이 인용하는 부패의 정의는 세계은행이 제시한 것으로서 가장 보편적이고 간단한 정의라고 볼 수 있다. 세계은행의 정의에 의하면 "부패는 사적인 이익을 위해 공적인 권력을 남용하는 행위"로 요약된다. 이러한 부패의 정의는 TI가 제시한 것과 거의 유사하다. TI의 정의에 의하면, "부패란 공적인 부문의 종사자들(정치인과 공무원들 포함)이 그들에게 부여된 권한을 남용함으로써 그 자신들 또는 그들과 가까운 사람들이 부적적하고 불법적인 금전상의 이득을 취하는 모든 행위들을 일컫는다"(Transparency International, 2000, p. 3). 따라서 세계은행과 TI의 정의는 부패를 공적인 부문에서 이루어지는 행위로 그 범위를 한정하고 있다.

그러나 부패가 사적인 영역에서는 존재하지 않는다고 또한 단정해서는 안 된다. 사기업 내에서도 구매나 인사 부서에서 부패 행위가 자행되는 경우가 종종 있다. 그리고 정부의 규제를 받는 산업에서도 부패가 존재하기도 한다. 예를 들면, 택시 기사가 규정된 요금 이상을 요구한다든지 혹은 병원의 의사가 환자에게 제공되지도 않은 의료서비스에 대해서 비용을 청구한다든지 하는 경우이다. 다만 이런 사례들은 공적인 권한을 남용한 것이 아니므로 세계은행과 TI가 제시한 부패의 정의에 해당되는 것은 아니다. 이런 관점에서 볼 때 이 두 기관에서 정의를 내린 국가 부패의 개념은 정부 및 정치인의 부패(governmental and political corruption)라는 의미로 해석될 수 있다.

또한 모든 부패 행위에 뇌물이 연관되어 있는 것은 아니다(Tanzi, 1998, pp. 564-565). 예를 들면, 한 공무원이 몸이 아프다고 병가를 내고는 휴가를 간 경우가 있다면 이는 엄연히 공적인 지위를 사적인 이익을 위해 남용한 행위이다. 따라서 이러한 행위는 비록 뇌물이 개입되지 않으면서도 세계은행이나 TI에서 정의를 내린 부패의 개념에 해당된다고 볼 수 있다. 그리고 만일 한 나라의 대통령이 그의 작은 고향마을에 대규모의 공항을 짓게 했다면 이 또한 뇌물이 포함되지 않았지만 엄연한 부패 행위라고 규정지을 수 있다.

부패란 무엇인가 또는 부패를 어떻게 정의할 것인가와 별도로 특정 국가에 진출하여 사업을 수행하는 다국적기업의 입장에서는 투자환경을 분석함에 있어서 부패의 문제를 중요한 요인으로 고려할 것이다. 그러나 각 나라에 존재하는 다양한 형태의 부패 행위로 인하여 서로 부패환경을 비교하고 차별화를 하는데 있어서 어려움을 겪을 수밖에 없다.

이러한 실용성의 관점에서 Rodriguez 등(2005)은 부패를 두 가지의 차원으로 구분하여 설명하고 있다. 첫 번째 차원은 부패의 침투성(pervasiveness)이며 다른 하나는 임의성(arbitrariness)이다. 부패의 침투성이란 한 기업이 특정 국가의 관료들을 접촉하였을 때 그들로부터 부패 행위를 요구받을 평균적인 가능성을 말한다. 따라서 침투성의 정도가 높을수록 부패가 더욱 만연하고 확산된 국가임을 의미한다. 이러한 국가일수록 상업적 활동에 있어서 부패가 보다 일상적이고 흔한 의미를 갖기 때문에 기업들은 부패에 순응함으로써 정당성을 찾으려는 경향이 있다.

반면에 부패의 임의성은 부패 행위에 내재된 모호성의 정도를 말한다. 임의성의 정도가 높은 국가일수록 법이나 정책의 해석이 달라질 가능성, 즉 자의적으로 해석할 가능성이 높기 때문에 뇌물의 효과성이 줄어든다. 그리고 이런 국가에서는 정부관료와의 거래는 지속되는 불확실성을 수반한다. 즉 정부의 승인을 받기 위해 제공하는 뇌물의 금액, 지급 대상, 지급 횟수 등이 명확히 드러나지 않으며 애매모호하다. 부패의 임의성이 높은 대표적인 사례로서 1990년대 이후의 러시아를 들고 있지만, 체제전환국 이외에 정치적으로 안정되고 민주적인 국가에서도 이러한 임의적인 부패가 나타나고 있다(Rodriguez 등, 2005, p. 386).

부패가 국가 경제에 미치는 부정적인 효과는 다양하게 나타나고 있으나, 실증분석을 바탕으로 한 최근 IMF의 연구보고서에 의하면 대략 다음과 같은 4가지 측면으로 요약된다(IMF, 2016). 첫째, 뇌물은 주로 과세를 회피할 목적에서 제공되므로 국가의 세수 감소를 가져온다. 둘째, 뇌물 비리에 따라 공공 조달 과정이 곡해되므로 공공 부문에 지출될 비용을 증가시키고 또한 공공 투자의 질을 저하시킨다. 셋째, 세수 감소에 따라 국가는 중앙은행에 의존할 가능성이 커지므로 인플레이션을 야기할 수 있다. 넷째, 부패한 국가는 국가 부도의 위험도를 높이므로 외부 금융기관으로부터의 차입비용을 증가시킨다.

4-3 부패 행위의 실태 분석

부패 행위를 근절시키려는 노력에 가장 적극적인 국제기구 혹은 그룹은 선진국과 신흥공업국들이 주도하는 경제개발협력기구(OECD)와 주요 20개국 모임인 G20(Group of 20)이다. 우선 OECD는 1999년에 뇌물방지협약(Anti-Bribery Convention)을 체결하고 이에 가입한 41개 국가(OECD Working Group on Bribery)의 기업들이 국제거래에 있어서 뇌물제공 등의 부패행위를 하는 것을 감시 및 제재토록 함과 동시에 정부의 공공구매에 있어서 공정성과 투명성을 확립하도록 다각도로 노력을 기울이고 있다.

그리고 OECD와 더불어 G20 또한 최근 들어서 글로벌 및 국가 내 반부패 노력에 적극적으로 임하고 있는 중이다. 2010년 6월 토론토 G20 정상회담에서 '반부패운영그룹(Anti-Corruption Working Group)'을 설치하고 세계은행, UN, IMF 등과 협력하여 회원국들에게 부패방지를 위한 구체적인 실행안을 만들고 실천을 하도록 유도하고 있다.

본 절에서는 OECD에서 2014년에 발간한 '해외뇌물 보고서(Foreign Bribery Report)'를 바탕으로 부패 행위의 실제 사례들을 심층적으로 분석하기로 한다. 이 보고서는 OECD 뇌물방지협약이 체결된 1999년 이후 2013년까지 외국의 공무원들에게 뇌물을 제공함으로 인하여 그 동안 각 국가에서 실제 처벌을 받았던 427건의 사례들을 조사하였으며, 지금까지 일반에게 공개된 해외 뇌물 수수 행위에 대한 보고서 중 가장 광범위한 사례들을 다룬 것이다.

4-3-1 해외 뇌물 제공행위 처벌 건수의 연도별 추이

다음의 〈그림 4-1〉은 국제 상거래 활동과 관련하여 개인 혹은 기업이 해외의 공무원들에게 뇌물을 제공하여 처벌을 받은 건수의 연도별 추이를 보여주고 있다.

〈그림 4-1〉 뇌물 행위의 처벌 건수의 연도별 추이

(단위: 건)

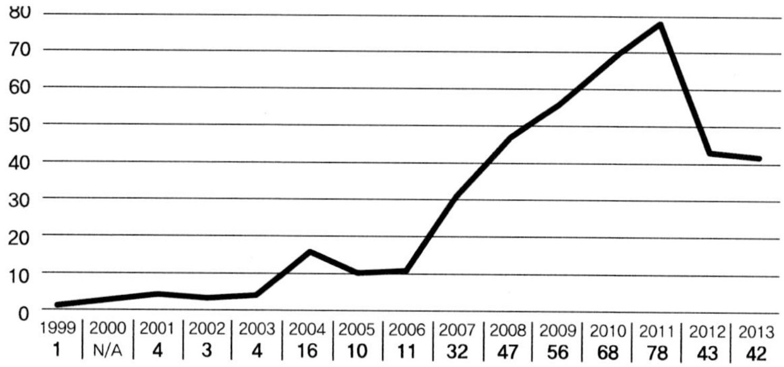

자료원: OECD(2014), p. 13.

1999년 이후 뇌물 행위로 인한 처벌 건수는 꾸준히 증가하는 추세로서 2011년에 78건으로 정점에 이르렀으며, 그 이후 2년 동안은 40여건으로 다소 줄어들었다. 그러나 최근의 처벌 건수의 감소에도 불구하고 2014년 현재 OECD 뇌물방지협약에 가입한 41개국 가운데 24개국에서 390건의 뇌물제공 관련 혐의 조사가 진행 중에 있다고 보도되었다.

뇌물 행위 처벌 건수의 증가와 더불어 최근에 나타나고 있는 현상 중에서 주목할만한 점은 뇌물 행위가 적발된 후부터 처벌이 확정되기까지의 기간이 매우 길어지고 있다는 것이다. 아래의 〈그림 4-2〉는 연도별로 뇌물 행위에 대한 처벌이 확정된 평균 기간을 보여주고 있다.

〈그림 4-2〉 뇌물 행위에 대한 평균 판정 기간

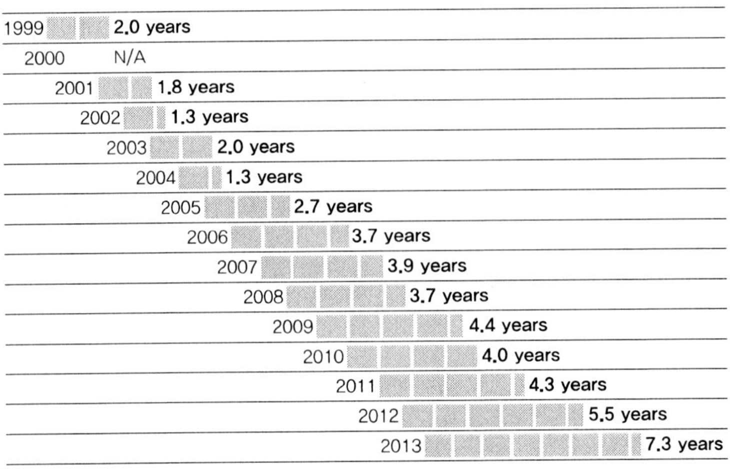

자료원: OECD(2014), p. 14.

〈그림 4-2〉에서 보면 2004년 이전까지는 뇌물 행위 사례에 대한 각 국가별 판정 기간이 평균 2년 이하를 기록하였으나 그 이후에 점차 증가하여 2013년에 처벌이 확정된 42건의 사례들의 판정기간은 평균 7.3년이 걸렸던 것으로 드러났다(가장 오래 걸렸던 사례가 15년이며 가장 짧았던 사례는 1년 미만이었음). 전체 분석 대상인 415건의 사례들 중에서 거의 절반(46%)에 가까운 사례들이 5년에서 10년 사이의 판정 기간이 소요되었다.

이렇게 뇌물 행위를 판정하는데 오랜 기간이 소요되는 이유는 OECD 뇌물방지협약의 제6조에서 가맹국에게 뇌물행위자를 조사하고 기소하는데 충분한 시간적 여유를 주도록 요구하고 있기 때문이다.

하지만 특히 최근 들어서 그 기간이 늘어난 중요한 이유 가운데 하나는 뇌물 제공 기법들이 갈수록 교묘해지기 때문에 조사하는데 물질적/시간적으로 집중도가 요구되기 때문이다.

4-3-2 뇌물 제공행위의 적발 루트

해외 뇌물 수수 행위는 매우 복잡하고 비밀스러운 특성을 갖고 있으며, 특히 해외 거래에 있어서는 보통 여러 단계에 걸쳐 복수의 중개인들을 통하여 뇌물 수수 행위가 이루어지는 경우가 많기 때문에 그것을 적발하기는 쉽지 않다. 그럼 OECD 보고서의 사례들은 어떠한 루트를 통하여 뇌물 수수 행위가 적발되었는지를 살펴볼 필요가 있다. 다음의 〈그림 4-3〉은 뇌물 수수 행위가 사법당국에 적발된 루트를 밝히고 있다.

〈그림 4-3〉 뇌물 제공행위의 적발 루트

<table>
<tr><td colspan="4">자발적 보고(자수)
(31%)</td><td colspan="2">사법당국 (경찰, 세관, 국경경비대 등)
(13%)</td><td>국제범죄 공조수사
(13%)</td><td>언론기관
(5%)</td></tr>
<tr><td>내부 고발자
(2%)</td><td>국제 기구
(2%)</td><td>다른 범죄와 연관 (2%)</td><td>금융 감독기관
(1%)</td><td>UN석유식량 프로그램
(1%)</td><td>일반 국민
(1%)</td><td colspan="2">원인 미상
(29%)</td></tr>
</table>

자료원: OECD(2014), p. 15.

〈그림 4-3〉에서 보면 427건의 부패 행위 사례 중에서 거의 3분의 1에 가까운 31%의 사례들이 부패 행위 당사자들이 사법당국에 자발적으로 보고함으로써 그 행위가 드러나게 되었음을 밝히고 있다. 이

러한 경우의 대부분은 당사자들이 사법당국에 자발적으로 보고를 할 때 처벌을 경감해주는 법률체계를 갖춘 국가에서 나타나고 있다.

다음으로 높은 비율을 차지하는 루트가 사법당국(경찰, 세관, 국경경비대 등)이 직접 적발을 한 경우로서 전체의 13%을 차지하고 있다. 그리고 공식 혹은 비공식적으로 국가간 범죄에 대한 공조수사에 의해 적발된 경우가 역시 13%로서 비교적 높은 비율을 차지하고 있다. 반면에 언론기관의 공익적 보도에 의하여 뇌물 수수 행위가 드러난 경우는 전체의 5%로서 그리 높지 않았다.

그 외에 조직 내부인 혹은 제 3자에 의해 고발이 된 경우가 2%를 차지하며, 세계은행이나 유럽 반부패기구 등과 같은 국제기구에 의해 부패 행위가 드러난 경우도 2%에 그치고 있다. 그리고 다른 범죄를 수사하다가 피고인의 해외 부패 행위가 적발된 경우도 역시 2%를 차지하고 있으며, 적발 소스가 드러나지 않은 경우가 전체의 29%를 차지하고 있다.

그럼 자신들의 해외영업에 있어서 행해졌던 부패 행위를 자발적으로 보고한 기업들의 경우는 어떠한 루트를 통하여 그 행위를 인지하게 되었는지를 살펴 볼 필요가 있다. 다음의 〈그림 4-4〉는 137건의 자발적 보고 사례들 중에서 부패 행위를 인지하게 된 루트를 보여주고 있다.

〈그림 4-4〉 자발적 보고 기업들의 부패 행위 인지 루트

내부 감사 (31%)		M&A 과정에서 인지함 (28%)			내부고발자 (17%)
주식 상장 전 보고 절차 과정 (3%)	사내 교육훈련 (2%)	UN석유식량 프로그램 (1%)	시민 행동 (1%)	범죄 조사 (1%)	원인 미상 (18%)

자료원: OECD(2014), p. 17.

기업들이 해외 부패 행위를 감지하는 루트 중에서 31%의 비중으로 가장 빈번하게 나타난 것은 내부 감사를 통해 밝혀진 경우이다. 따라서 회계나 감사 업무에 종사하는 직원들이 부패 행위를 적발하는데 있어서 중요한 역할을 하고 있음을 알 수 있다. 이러한 측면에서 OECD에서도 그러한 직무에 있는 사람들이 기업의 감사 과정에서 의심스런 부분을 발견했을 경우에 최고경영자나 사내 감사본부에 즉시 보고하도록 권고하고 있다. 내부 감사 못지않게 높은 비중을 차지하는 것이 기업의 인수·합병 과정에서 나타난 경우로서 전체 사례의 28%를 차지하고 있다. 이는 인수기업이 피인수기업을 실사하는 과정에서 부패 행위를 인식한 경우이다

앞서 〈그림 4-3〉에서는 내부고발자의 비중이 2%에 그쳤지만 〈그림 4-4〉에서는 그 비중이 17%로서 3번째로 높게 나타났다. 즉 내부고발자들은 부패 행위를 발견하였을 때 사법당국이나 언론 등과 같은 외부기관에 직접 알리기보다는 기업 내부의 고위층이나 신고 핫라인에 알리는 경향이 높다는 것을 알 수 있다. 이러한 측면에서 OECD에서는 가맹국들에게 내부고발자들을 보호하는 방안을 법제화하도록 권고하고 있다.

4-3-3 뇌물 행위에 대한 처벌 조치

OECD 뇌물방지협약은 가맹국들에게 해외 공무원에게 뇌물을 제공한 행위에 대해서 "효과적이고, 적절하며 단호한" 처벌을 가하도록 요구하고 있다. 아울러 뇌물로 벌어들인 금전이나 그에 상응하는 자산을 몰수하도록 요구하고 있다. 이러한 요구에도 불구하고 그 동안 모든 가맹국들에서 처벌이 제대로 이행되었는지는 의문

이다. 〈그림 4-5〉는 427건의 해외뇌물 제공 사례들이 실제 어떤 처벌을 받았는지를 보여주고 있다.

〈그림 4-5〉 해외 뇌물 제공에 대한 처벌 조치

(단위: 건)

민사/형사 벌금 (281)	재산몰수 (82)	징역형 (80)	뇌물금지 준수 프로그램 실행(70)	계고 (67)	징역형 집행유예 (38)	피해 변제 (12)	입찰기회 박탈 (2)	기타 (1)

자료원: OECD(2014), p. 18.

〈그림 4-5〉에 나와 있는 건수는 뇌물 제공 행위의 사례 건수를 의미하는 것은 아니고 징벌 종류별 건수를 의미한다. 즉 뇌물 제공 행위 1건에 대해 복수의 징벌을 당한 경우도 있기 때문에 〈그림 4-5〉의 전체 처벌 건수는 427건을 넘어선다. 역시 뇌물 제공 행위에 대한 처벌은 신체를 구속하는 징역형보다는 금전적인 처벌(monetary sanctions)을 가하는 경향이 높다는 것을 알 수 있다. 금전적인 처벌로서 민사상 혹은 형사상의 벌금을 물리는 경우가 281건으로 제일 많고 그 다음으로 많은 빈도를 보인 것은 재산 몰수로서 82건을 차지하고 있다. 징역형에 처해진 경우는 80건으로서 재산 몰수와 비슷한 빈도를 보이고 있다. 비교적 가벼운 처벌을 받은 경우도 예상 외로 많은 빈도를 보이고 있다. 기업 차원에서 뇌물금지 준수 프로그램을 실행하라는 조치와 계고 조치가 바로 그런 경우이며, 각각 70건과 67건을 차지하고 있다.

보고서에서 다룬 전체 427건의 부패 사례를 대상으로 했을 때 금전적인 처벌의 총 금액은 54억 달러에 달했다. 하나의 사례를 기준으로 했을 때는 금전적으로 가장 큰 징벌(벌금, 몰수 등 포함)을 받은 경우의 금액이 무려 18억 유로에 달했으며 징역형의 경우에는 최장 13년이었다. 그리고 전체 뇌물 제공 행위 건수의 69%는 행위 당사자와 사법당국 간의 합의에 의해 처벌이 결정되었으며, 사법당국의 판결에 의해 결정된 경우는 31%에 그쳤다.

최근 들어서 징벌의 형태가 금전적으로 손해를 가하는 경향이 높아지고 있는데, 〈그림 4-6〉은 해외뇌물 제공 행위에 대한 금전적인 처벌을 합산한 총 금액의 추이를 연도별로 보여주고 있다.

〈그림 4-6〉 해외뇌물 제공에 대한 금전적 처벌의 총 금액

(단위: 백만 달러)

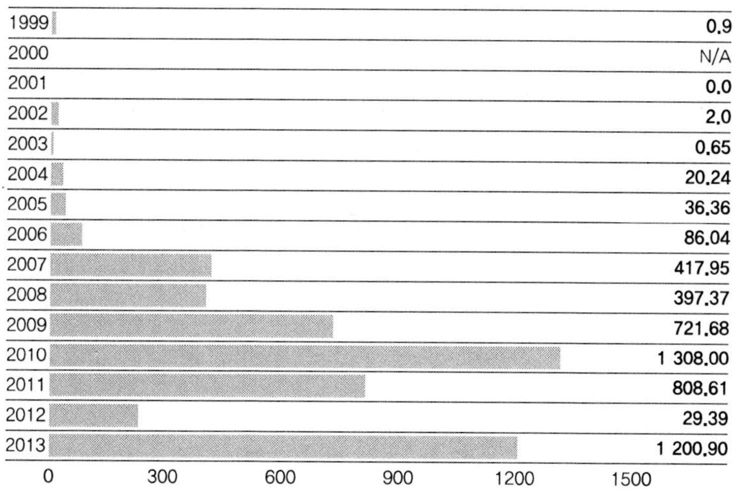

자료원: OECD(2014), p. 20.

〈그림 4-6〉에서 보면 가장 금전적으로 많은 금액의 처벌이 이뤄졌던 해는 2010년으로서 총 금액이 13억 달러에 달했다. 그 다음으로는 2013년에 12억 달러를 기록하였는데 한 가지 흥미로운 사실은 앞서 〈그림 4-1〉에서 보듯이 뇌물 제공 행위로 처벌을 받은 건수가

2012년과 2013년에 각각 43건과 42건으로 비슷하였으나, 금전적인 처벌에 따른 금액은 2012년의 2.3억 달러에 비해 2013년에는 그 액수가 거의 6배에 이를 정도로 많았다. 따라서 뇌물 행위 건당 금전적 처벌의 평균 금액이 일정한 것은 아니고 사안에 따라 또한 국가에 따라 매우 다르다는 것을 유추할 수 있다.

4-3-4 뇌물 제공 및 수수 행위자, 뇌물 방법, 제공 목적 등에 대한 실태

OECD 보고서에서 다룬 사례 427건 중에서 해외에서의 뇌물 제공으로 처벌을 받은 대상은 개인이 263명이며 기업이 164개인데, 이들이 종사하는 사업 분야는 다음의 〈그림 4-7〉에 나와 있다.

〈그림 4-7〉 뇌물 행위가 발생한 사업 분야

자원 채굴 산업 (19%)	건설업 (15%)	운송 및 창고업 (15%)

정보 및 통신업 (10%)	제조업 (8%)	건강 산업 (8%)	전기 및 가스산업 (6%)	방위 산업 (5%)

농수산 및 임업 (4%)	도소매업 (4%)	물 산업 (3%)	우주 산업 (1%)	금융 · 보험업 (1%)	기타 서비스업 (1%)

자료원: OECD(2014), p. 22.

〈그림 4-7〉에서 보듯이 자원 채취, 건설, 운송, 정보통신의 4개 분야에서의 뇌물 제공 행위가 전체의 60%를 차지할 정도로 집중되어 있다. 따라서 부패에 취약한 분야는 대부분 자원개발이나 인프라 건설과 관련된 곳임을 알 수 있다. 반면에 예상과는 달리 일반 제조업이나 금융업에서의 뇌물 제공 행위는 그 비중이 낮게 나타났다.

한편 뇌물을 직접 제공하거나 승인을 한 사람들, 즉 직간접적으로 뇌물 제공 행위에 가담한 사람들의 조직 내의 직급을 〈그림 4-8〉이 보여주고 있다. 만약 뇌물 제공 행위에 여러 직급의 사람들이 가담한 경우에는 복수로 계산되었다.

〈그림 4-8〉 뇌물 제공 행위의 가담자

임원급 (41%)	하위 직원 (22%)	회장/CEO (12%)	제3의 대리인 (9%)	미확인 (16%)

자료원: OECD(2014), p. 23.

〈그림 4-8〉에서 보듯이 뇌물 제공 행위에 가담한 사람들 중의 과반수 이상(53%)이 최고위층을 포함한 임원급 이상으로 드러났다. 즉 해외에서 뇌물을 제공하는 행위는 공명심을 앞세운 일반 직원들의 일탈 행위보다는 회사 내에서 조직적으로 이뤄지는 경우가 훨씬 많다는 것을 알 수 있다. 특히 뇌물 자금이 많이 요구될수록 고위급 임원이 개입할 가능성은 더욱 커질 것이다.

현재 OECD 뇌물방지협약은 뇌물을 공급하는 주체들에게 초점을 맞추고 있다. 그러나 뇌물을 수수하는 사람들, 특히 뇌물을 먼저 요구하는 사람들의 존재 또한 국제 거래에 있어서 심각한 문제를 야기한다. 따라서 뇌물을 수수하는 사람들은 어떤 사람들인지를 분석해 볼 필요가 있다. 아래의 〈그림 4-9〉는 뇌물을 수수하는 사람들과 전체 뇌물 금액 중에서 그들이 수취하는 액수의 비중을 보여주고 있다.

〈그림 4-9〉 뇌물 수수자 및 그들이 수취한 뇌물의 비중

뇌물 수수자 비중(%)	직무 분야	뇌물 액수 비중(%)
27	공기업 임직원(하위직, 고위직 포함)	80.11
11	세관 공무원	1.14
7	보건 분야 관료	0.92
6	방위 분야 관료	2.93
4	자원 분야 관료	0.08
4	국제기구 직원	0.22
4	세무 공무원	0.21
4	선출직 관료	0.55
3	장관	4.08
3	교통 분야 관료	0.06
3	구매 분야 관료	0.25
3	공직 관료의 가족	–
2	해양 분야 관료	0.01 미만
2	법무 분야 관료	0.07
2	국가 수반	6.97
2	정보부 관료	0.01
1	외교 관료	0.18
1	환경 분야 관료	0.01 미만
1	이민 부처 관료	0.01 미만
1	정당인	0.05
0.1 미만	지자체 관료	0.01 미만
0.1 미만	차관	0.01 미만
0.1 미만	교육 분야 관료	0.01 미만
11	미확인	2.17

자료원: OECD(2014), p. 24.

〈그림 4-9〉에서 보듯이 뇌물을 수취하는 관리들 중에서 압도적으로 높은 비중을 차지하는 사람들이 국가가 소유하고 있는 공기업의 임직원들이었다. 특이할만한 점은 그들이 차지하는 비중은 27%인데 반하여 그들이 취한 뇌물의 액수는 전체 금액의 무려 80%를 차지하고 있다. 따라서 국가의 행정부처의 관료들보다는 사업을 영위하는 공기업의 직원들이 뇌물 관련 비리의 온상임을 알 수 있다.

뇌물 액수를 기준으로 했을 때 약 95%의 뇌물이 5개 집단(공기업, 국가 수반, 장관, 방위부처, 그리고 세관)에 집중되고 있음을 보여준다. 그리고 국가 수반이나 장관은 뇌물 수취 행위 비율이 낮은데 비하여 뇌물 수취 액수는 높은 비율을 차지하고 있음은 곧 권력의 힘이 큰 사람일수록 뇌물 액수가 많을 것이라는 일반적인 예측을 입증하고 있다. 반면에 세관 공무원들은 11%의 비율로 공기업 직원 다음으로 뇌물 수취 행위가 빈번하나 그들이 수취한 뇌물 액수는 전체의 1.14%로서 비교적 낮다. 따라서 이 경우의 뇌물은 소위 급행료 성격의 뇌물임을 알 수 있다.

다음은 뇌물로 지급되는 금전적인 액수는 대략 어느 정도인지 알아보기로 하자. OECD 뇌물보고서에서 다루었던 사법 처리된 사례들 중에서 뇌물로 주어진 액수가 공개된 사례의 건수는 224건이고, 뇌물이 개입된 거래의 사업 규모에 대한 금전적인 액수가 알려진 사례는 55건이다. 한 건 기준으로 가장 최고액의 뇌물 액수는 14억 달러였고 가장 최소의 뇌물 액수는 13.17 달러였다. 이 금액은 사법부가 판단한 금액이거나 최종 합의서에 명시된 금액으로서 실제로는 더 많은 액수의 뇌물이 지급되었을 가능성이 있다.

아래의 〈그림 4-10〉은 거래 사업 규모 대비 지급된 뇌물 액수의 비율을 보여주고 있다.

〈그림 4-10〉 사업 규모 대비 뇌물의 비율

사업 규모 대비 뇌물의 비율	5% 미만	5-25%	25-50%	50% 이상
건수(비중)	29(52.7%)	18(36.7%)	6(10.9%)	2(3.6%)

자료원: OECD(2014), p. 26.

뇌물 제공자들은 뇌물을 제공함으로써 자신들에게 돌아오는 사업 기회의 금전적인 혜택의 대략 5% 미만의 뇌물을 지급하는 경우가 29건(52.7%)으로 가장 많았다. 그 다음으로는 5-25% 정도의 뇌물을 지급하는 경우가 18건(36.7%)이었고, 그 이상을 지급하는 경우는 55건 중에서 8건으로 그리 많지 않았다.

그리고 뇌물 제공자들이 사업 기회를 얻음으로써 기대하는 금전적인 혜택 대비 실제 지급된 뇌물 액수의 평균 비율이 높은 산업 분야는 어떤 것들인지 아래의 〈그림 4-11〉이 보여주고 있다.

〈그림 4-11〉 사업 혜택 대비 평균 뇌물 비율

자원 채굴 산업 (21%)	도소매업 (19%)	행정서비스 분야 (17%)

교통 및 창고업 (16%)	제조업 (16%)	건강 산업 (14%)	기타 서비스 분야 (13%)	전기 및 가스 (11%)

행정 및 국방 (8%)	과학 기술 분야 (6%)	정보 통신 분야 (5%)	건설업 (4%)	농림 수산 (4%)	교육 (2%)	물 산업 (2%)

자료원: OECD(2014), p. 27.

역시 뇌물 제공이 상대적으로 빈번한 자원 채굴 산업에서의 뇌물 액수 비율이 21%로 가장 높은 것으로 드러났다. 그러나 흥미로운 사실은 앞서 〈그림 4-7〉에서 보듯이 뇌물 제공행위가 자주 발생하는 분야의 순위에서 2위를 차지한 건설업이 상대적인 뇌물 액수 비율은 비교적 낮은 수준인 4%에 그치고 있다는 점이다. 그리고 허가권을 내주는 데 있어서 그 기준이 상대적으로 불명확한 행정서비스 분야의 뇌물 액수 비율이 17%로서 비교적 높게 나타났다.

다음으로 뇌물 제공 행위로 벌어들인 금전적인 이익에 대한 처벌(몰수, 벌금, 배상 등)은 어떤 수준인지를 〈그림 4-12〉에서 보여주고 있다. 참고로 금전적인 이익과 처벌에 대한 액수가 모두 알려진 사례들은 37건에 불과했다.

〈그림 4-12〉 금전적인 이익 대비 처벌의 비율

금전적 이익 대비 처벌의 비율	50% 미만	50-100%	100-200%	200% 이상
건수(비중)	17(45.9%)	5(13.5%)	7(18.9%)	8(21.6%)

자료원: OECD(2014), p. 28.

뇌물 제공 행위에 대한 금전적인 처벌은 거의 절반에 가까운 46%의 사례들에서 뇌물 제공자들이 벌어들인 추정 이익의 50% 미만에 그쳤다. 반면에 100%에서 200%, 그리고 그 이상의 상당히 높은 수준의 금전적인 처벌을 당한 사례도 전체의 40% 정도에 달했다.

다음은 뇌물 제공의 행위에 있어서 제공자와 수취자가 직접 제공하는지 혹은 제 3자가 개입하는지에 대해서 알아보기로 한다. 〈그림 4-13〉은 304건의 뇌물 제공 행위에 대한 제 3자 혹은 중개인의 개입 여부와 누가 중개인 역할을 했는지를 보여주고 있다.

〈그림 4-13〉 뇌물 제공 행위의 중개인 개입 여부와 중개인 역할

중개인의 개입 여부	중개인 개입(71%)							중개인 없음 (14%)	미확인 (18%)
중개인 역할	대리인 (41%)	관계회사 (35%)	변호사 (6%)	가족 (3%)	고문 등 (2%)	회계사 (1%)	기타 (12%)	–	–

자료원: OECD(2014), p. 29.

전체 사례의 71%가 해외 뇌물 제공행위에 있어서 중개인이 개입을 하였다. 그밖에 14%는 중개인이 없이 당사자들 간에 직접 뇌물을 주고받은 경우이며, 18%는 확인이 안 된 경우였다. 이와 같은 사례에서 보듯이 해외에서의 뇌물 제공 행위에 있어서 대부분의 경우 당사자들 간에 직접 뇌물을 주고받기보다는 제 3자의 개입으로 이루어진다는 사실을 알 수 있다. 중개인이 개입하는 경우의 41%는 전문 대리인(agent)을 활용하였으며, 35%는 관계회사들(해외자회사, 컨설팅회사, 조세회피지역의 페이퍼컴퍼니 등)이 개입한 경우였다.

한편 뇌물을 수수한 공무원들이 속한 국가별 비율 분포가 〈그림 4-14〉에 나와 있다.

〈그림 4-14〉 뇌물 수수 공무원들의 국가별 비율 분포

인간개발 지수 단계	매우 높은 수준의 인간개발 지수 국가	높은 수준의 인간개발지수 국가	중간 수준의 인간개발지수 국가	낮은 수준의 인간개발지수 국가	미확인
비율	21%	22%	24%	17%	16%

자료원: OECD(2014), p. 30.

〈그림 4-14〉는 UN에서 발표하는 4단계의 인간개발지수(Human Development Index)에 의해 국가들을 구분하여 427건의 사례들에 대한 뇌물 수수 공무원들의 국가별 분포의 비율을 보여주고 있다. 일반적으로 저 개발국에서 공무원들의 뇌물 수수 행위가 많이 발생할 것이라고 추측하고 있는데, 위 그림에 의하면 저 개발국보다는 상대적으로 발전된 국가의 공무원들이 뇌물 수수 행위로 더 많은 처벌을 받았다는 것을 알 수 있다.

물론 분석 대상의 사례들은 뇌물 수수 행위가 수면 위로 드러난 경우이고, 또한 높은 수준의 인간개발지수 국가들이 부패 방지를 위해 상대적으로 더 노력을 하고 있을 것이기 때문에 해외 뇌물 수수행위에 대한 적발과 처벌 건수도 많이 발생했을 가능성이 있다. 그럼에도 불구하고 뇌물 수수행위는 선·후진국 가릴 것 없이 전 세계에 걸쳐 발생하고 있다는 점을 명심할 필요가 있다.

OECD 뇌물방지협약이 발효된 이후부터 2014년 '해외부패보고서'가 발간되기까지 해외 뇌물 제공행위로 최소 1건 이상의 처벌을 가한 국가들은 뇌물방지협약 가맹국 41개국 가운데 17개국이었다. 그 17개국 중에서 불가리아를 제외하곤 모두 OECD에 소속된 국가들인 반면에 G20 소속 국가들은 8개국에 불과하다. 따라서 G20 국가들은 해외 뇌물 제공행위에 대한 감시 및 적발, 그리고 처벌 활동에 더욱 노력을 기울일 필요가 있다.

아래의 〈그림 4-15〉는 개인 및 기업들의 헤외 뇌물 제공행위에 대해 실제 처벌을 가한 국가와 처벌 건수를 보여주고 있다.

〈그림 4-15〉 뇌물 제공행위에 대한 처벌을 가한 국가와 처벌 건수

국가	미국	독일	한국	이탈리아	스위스	영국	프랑스	노르웨이
건수	128	26	11	6	6	6	5	5

캐나다	일본	벨기에	불가리아	헝가리	룩셈부르크	네덜란드	폴란드	스웨덴
4	3	1	1	1	1	1	1	1

자료원: OECD(2014), p. 31.

〈그림 4-15〉를 보면 해외 뇌물 제공행위에 대해 최소 1건 이상의 처벌을 가한 17개국 중에서 미국이 128건으로 압도적으로 처벌을 많이 행한 국가임을 알 수 있다. 그러나 처벌을 받은 개인이나 기업이 반드시 처벌을 가한 국가의 국적을 가진 것은 아니며, 현재 많은 국가들에서 뇌물방지 관련 법규를 국경을 넘어서 적용하고 있으며 내국인들과 외국인들 모두에게 처벌을 가하고 있는 추세이다. 따라서 한 건의 뇌물 제공행위로 인하여 복수의 국가에서 처벌을 받은 사례들도 있다.

마지막으로 해외 뇌물 제공행위를 방지하기 위해선 과연 왜 뇌물을 제공하는지 즉 뇌물 제공의 동기를 알아야 하는데 이에 대한 해답이 〈그림 4-16〉에 나와 있다.

〈그림 4-16〉 뇌물 제공에 대한 동기

뇌물 제공 동기	공공 구매	세관 통과	기타 특별 대우	세금 특혜	인허가 취득	비밀 정보 접근	비자 취득	미확인
비율	57%	12%	7%	6%	6%	4%	1%	7%

자료원: OECD(2014), p. 32.

개인이나 기업들이 해외에 뇌물을 제공하는 동기 중에서 가장 높은 비율을 차지하는 것이 결국 정부의 공공 구매에 있어서 공급업자로 선정되기 위한 것으로서 전체의 57%를 차지하고 있다. 그 외에 세관을 무사히 통과하기 위한 목적과 기타 특별 대우를 위해 뇌물을 제공한 경우가 각각 12%와 7%로 나타났다. 법인세 등의 세금 특혜를 위해 뇌물을 제공한 경우는 6%로서 일반적인 예상보다는 낮은 것으로 드러났다.

한편 국제투명성기구(Transparency International)에서는 OECD 뇌물방지협약의 가맹국들을 대상으로 협약을 잘 이행하고 있는지에 대한 감시 차원에서 매년 '뇌물방지협약 이행보고서'를 발표하고 있다. 2012년도 이행보고서에 대한 전체적인 요약과 한국에 대한 평가가 아래의 〈부록 1〉에 나와 있다.

〈부록 1〉 2012 OECD 뇌물방지협약 이행보고서 발표

국제투명성기구는 오늘(한국시간 2012년 9월 3일 오전 11시) 2012년 OECD뇌물방지협약 이행보고서를 한국 등 전 세계에서 동시에 발표했다. 우리나라는 국제투명성기구의 한국본부인 한국투명성기구가 이 보고서를 발표했다. 올해 OECD뇌물방지협약 이행보고서는 세계 수출 63%를 점유하는 37개 OECD 뇌물방지협약 국가의 해외뇌물협약 이행과 해외뇌물 사건 상태에 대해 발표한 것이다.

이 보고서에 의하면 OECD 뇌물방지협약의 '적극적' 이행국으로는 세계 수출 28%를 점유하는 7개국(덴마크, 독일, 이탈리아, 노르웨이, 스위스, 영국, 미국)이 포함되었다. '보통' 이행국으로는 우리나라를 포함한 세계 수출 25%를 점유하는 12개국(아르헨티나, 호주, 오스트리아, 벨기에, 캐나다, 핀란드, 프랑스, 일본, 대한민국, 네덜란드, 스페인, 스웨덴)이 포함되었다.

반면 OECD 뇌물방지협약의 '소극적' 이행국으로는 세계 수출 6%를 점유하는 10개국(브라질, 불가리아, 칠레, 헝가리, 룩셈부르크, 멕시코, 포르투갈, 슬로바키아, 슬로베니아, 터키)가 포함되었다. '불' 이행국으로는 세계 수출 4%를 점유하는 8개국(체코공화국, 에스토니아, 그리스, 아일랜드, 이스라엘, 뉴질랜드, 폴란드, 남아프리카공화국)이 포함된 것으로 나타났다.

보고서는 OECD 뇌물방지협약 이행과 관련한 우리나라의 최근 진전사항으로 금년 5월 서울에서 열린 국제투명성기구 아태지역회의에서 21개 아태지역 투명성기구본부 대표와 이사들이 이명박 정부가 투명사회협약을 활성화 해 줄 것을 요청했다고 밝혔다. 보고서는 한국정부가 민간부문 공익신고자를 보호할 것과 해외뇌물관련 이행사항에 대한 정보를 제공하고 그 정보에 더 쉽게 접근할 수 있도록 조치할 것, 그리고 옴부즈맨과 행정심판위원회를 2009년 합병되기 이전으로 분리한 독립적인 국가청렴위원회를 다시 설립할 것 등을 권고했다.

이번 OECD뇌물방지협약 이행보고서와 관련하여 한국투명성기구 김거성 회장은 우리나라가 "적극적 이행국 반열에 오르지 못한 점이 안타깝다"며 우리나라가 "적극적 이행국으로 올라가기 위해선 반부패에 대한 더욱 강력한 정부의 지원이 필요함에도 불구하고, 국제투명성기구의 지적처럼 2009년 국가청렴위원회를 국민권익위원회로 병합하여 오히려 반부패 노력을 약화시키는 결과를 초래했다"며 유감의 입장을 밝혔다.

'국제투명성기구 2012 OECD뇌물방지협약 이행보고서(국문요약)'

(대한민국)

'보통' 이행국.

17건의 기소들이 있었지만 조사가 진행되는 것이 알려진 것은 없다. 세계 수출 점유율은 2.9%다.

해외뇌물사건 혹은 해외뇌물사건 관련조사: 2011년 5월부터 해외뇌물사건에 대한 지속적인 기소가 있었지만 2011년에 진행되었던 조사는 없었다. 인천검찰청에서 착수된 기소에 의하면 대한민국 항공화물회사 직원이 뇌물을 건 낸 것으로 알려졌다. 인천검찰청은 그 직원이 중국정부가 관리하고 있는 항공사 자회사 한국인 사장에게 한국 돈으로 6십억7천만 원(630만 불)을 뇌물로 지불했다고 주장했다. OECD 뇌물3단계 실무그룹의 대한민국에 관한 2011년 10월 보고서에 의하면 3건의 법인에 대한 유죄판결을 포함, 2002년과 2008년 사이에 9건의 유죄판결이 있었다. 또한 주한미군에 대한 정부조달관계 공무원들의 뇌물수수와 관련하여 9건, 중국 외무성 공무원 뇌물사건과 관련하여 1건이 있었다.

최근 진전사항: 공익신고자보호법은 민간부문을 포함하는 것으로 되었으며 국회에서는 2011년 3월 11일에 이 법안을 채택했고 2011년 9월 30일에 시행을 시작했다. 그리고 2011년에 법무부가 이 법안과 관련한 캠페인을 시작했다. OECD 뇌물3단계 실무그룹은 우리나라에 관한 2011년 10월 보고서를 통해 한국정부가 자연인과 법인을 효과적, 비례적, 그리고 실제적으로 제지할 수 있는 제재조치를 확실하게 도입하라고 권고했다. 또한 이 보고서는 한국정부가 적절한 상황에서 뇌물과 돈을 압수할 수 있도록 권한을 최대로 활용하라고 요청했다. 그리고 압수관련 제정법이 복잡하여 오히려 효과적인 압수시행에 장애가 되고 있는지 여부도 검토해보라고 요청했다.

또한 2012년 5월 14일부터 17일 동안 서울에서 열린 국제투명성기구 아태지역회의에서 21개 아태지역 투명성기구 본부 대표와 이사들은 한국정부가 투명사회협약을 활성화 해줄 것을 요청했다.

권고사항: 민간부문에서 공익신고자를 보호할 것. 제재사항을 확대할 것. 인식개선을 시행하고 기업들에게 더 많은 정보를 제공할 것. 해외뇌물관련 이행사항에 대한 정보를 제공하고 그런 정보에 더 쉽게 접근할 수 있도록 조치할 것. 옴부즈맨과 행정심판위원회를 2009년 합병되기 이전으로 분리한 독립적인 국가청렴위원회를 다시 설립할 것 등이다.

*** 자세한 자료는 한국투명성기구 홈페이지 공지사항을 참조하여 주시기 바랍니다.**

(출처: 한국투명성기구(TI-Korea), 2012. 9. 3)

4-4 국가의 부패와 해외직접투자 유입 간의 관계

지금까지 부패의 효과에 대해 실증적으로 조사한 선행연구들은 정치적 또는 사회문화적 측면보다는 대부분 경제성장, 경제적 불평등, 경제적 효율성 등과 같은 국가 경제적 측면에서의 부정적인 효과에 초점을 맞추었다(Judge 등, 2011). 특히 부패는 대내적으로 자원의 효율적인 배분을 왜곡시켜 결과적으로 국가의 경제성장을 가로막는 중요한 요인으로 지적되고 있다. 대외적으로는 세계은행과 같은 국제금융기관 뿐만이 아니고 민간 금융기관들도 부패가 심각한 국가에 대한 자금공여를 기피하는 경향이 있기 때문에 경제개발에 필요한 자본의 차입이 어려워진다.

대내적으로 자본 축적이 어려운 저 개발국들은 필요한 자본을 대외적인 소스를 통해 조달을 해야 한다. 대외적으로 자본을 확보하는 소스는 두 가지가 있다. 첫째는 국제금융기관을 통한 차관의 도입이며, 또 하나는 FDI의 유치를 통한 외화자본의 유입이다. 국가신용도가 낮은 저 개발국들은 외부 금융자본의 차입이 어렵기 때문에 특히 FDI의 유입을 확대시키는 정책이 필요하다.

그러나 앞장에서도 언급하였듯이 최근에 피투자국의 부패 수준이 FDI의 유입에 부정적인 영향을 미친다는 연구의 결과들이 속속 등장하고 있다. 이들의 주장에 의하면 부패는 기업들에게 부정기적인 세금이나 마찬가지로서 비용을 증가시키며 결국 기업들의 투자혜택을 왜곡시키는 결과를 가져온다(Shleifer & Vishny, 1993; Mauer, 1995; Wei, 2000). 부패한 경제체제는 시장의 경쟁자들에게 공정한 사업기회를 제공하지 않으며, 기업의 경쟁력은 가격과 품질보다는 뇌물의 유무에 의해 결정되기가 쉽다. 그리고 피투자국의 공무원들에게 흘러들어가는 자금은 제품의 시장가치를 높이지 못하기 때문에 여타 공정한 시장에서의 활동에 비해 제품의 비용을 높이는 효과를 가져 온다. 따라서 피투자국의 부패는 외국 투자기업의 입장에서 보면 부(-)의 유인책(dis-incentive) 역할을 하게 되는 것이다.

그러나 이러한 주장과 달리 부패와 FDI의 유입 간의 상관관계를 조사한 선행연구들의 결과가 모두 동일하게 나타난 것은 아니었다. 앞장에서 설명하였듯이 많은 연구들이 두 변수 사이에 부(-)의 상관관계가 존재함을 입증하였으나, 일부 연구들의 경우에는 피투자국의 부패가 FDI의 유입에 영향을 미치지 않았거나(Wheeler & Mody, 1992) 혹은 오히려 FDI를 촉진시킨다는 결과를 보였다(Henisz, 2000).

따라서 국가의 부패와 FDI의 유입 간의 관계를 보다 명확히 확인하기 위해서는 보다 많은 산업이나 국가들을 대상으로 조사한 연구들이 앞으로도 지속되어야 할 것이다.

제5장

실증분석 - 피투자국의 부패 수준이 한국기업의 해외직접투자에 미치는 영향

5-1 연구모형과 가설의 설정

5-2 변수의 측정

5-2-1 종속변수

5-2-2 독립변수

5-3 자료의 수집

5-2-1 종속변수

5-2-2 독립변수

5-4 가설의 검정

5-4-1 가설1에 대한 검정

5-4-2 가설2에 대한 검정

제5장

실증분석 - 피투자국의 부패 수준이 한국기업의 해외직접투자에 미치는 영향

5-1 연구모형과 가설의 설정

국가의 부패 수준과 FDI의 관련성에 대해 조사한 선행연구들은 대부분 2000년대 들어서 활발히 이루어졌는데, 이들의 연구주제는 대략 두 가지로 압축된다. 첫 번째 연구주제는 피투자국의 부패 수준이 FDI의 유입량 사체에 영향을 준다는 것이며, 또 하나는 투자의 진입방식의 선택에 영향을 끼친다는 연구주제이다. 연구의 빈도수로 보면 주로 많은 연구들이 첫 번째 주제를 다뤘는데, 그들의 연구결과는 대체로 부패 수준이 FDI의 유입량에 부정적인 영향을 끼친다는데 의견을 모았다. 즉 국가의 부패 수준이 높을수록 그 국가로 유입되는 FDI의 금액은 줄어든다는 것이다.

두 번째 연구주제는 최근 들어서 몇몇 학자들(Doh 등, 2003; Rodriguea 등, 2005; Uhlenbruck 등, 2006)에 의해 제기되었으며, 이들의 주장은 국가의 부패 자체가 투자하려는 기업들에게 비록 부정적인 요인으로 작용하더라도 기업들은 투자의 진입방식의 변화를 통해 이런 부정적인 요인을 억제 또는 최소화 하는 전략을 택한다는 것이다. 예를 들면, 단독투자 대신에 합작투자 방식을 택함으로써 피투자국의 부패로 인한 투자 위험을 감소시킬 수 있다는 것이다.

본 연구의 실증분석은 대다수의 선행연구들이 관심을 보였던 첫 번째 연구주제에 초점을 맞추고 있다. 그런데 선행연구들은 실증분석에 있어서 거의 모두 선진국 기업들의 FDI에 관한 자료를 바탕으로 수행하였다. 본 연구에서는 한국기업의 FDI를 바탕으로 조사를 함으로써 과연 그 결과가 선행연구들과 차이를 보이는지를 검증하고자 한다.

초기의 일부 학자들은 국가의 부패가 기업들의 활동에 부정적인 영향을 끼치는 것만이 아니고 경우에 따라서는 긍정적인 효과도 존재한다고 주장하였다. Leff(1964)와 Huntington (1968) 등에 의하면 뇌물 행위가 관료주의와 행정 편의주의 같은 것들을 피할 수 있게 하는 일종의 급행료(speed money) 역할을 하기 때문에 기업들의 투자사업을 빨리 진행시키고, 따라서 국가의 경제성장을 촉진시킨다는 것이다. 이러한 긍정적 효과는 법과 제도가 투명하게 정착하지 않은 개발도상국에서 특히 많이 나타난다고 주장하였다. 그러나 이러한 주장은 그 국가의 국내기업들에게는 일견 타당성이 있는 논리일지는 몰라도 기업활동에 우호한 환경을 찾아 FDI를 수행하는 다국적기업들에게는 설득력이 떨어진다고 보는게 옳다.

부패한 국가는 일반적으로 모든 기업들에게 동등하고 개방된 시장기회를 제공하지 않는다. 가격과 품질 면에서 경쟁력이 있는 기업보다는 정부 관료들에게 우선적으로 뇌물을 제공하는 기업에게 기회가 돌아간다. 그러나 관료들에게 지급되는 뇌물의 효과는 불확실한 것이며 또한 뇌물로 제공되는 금전이 시장 가치를 제대로 반영하지 않기 때문에 이러한 국가에서 생산되는 제품의 원가는 높아지게 된다. 따라서 공정한 경쟁시장이 조성된 국가에서 생산하는 제품에 비해 경쟁력이 낮아질 수밖에 없다(Habib & Zurawicki, 2002, p. 293).

이러한 부정적인 요인은 결국 다국적기업들이 부패한 국가에 투자하는 것을 회피하게 만들 것이다. 이는 FDI 이론 중에서 절충이론으로도 설명이 가능하다(Voyer & Beamish, 2004, p. 212). 즉 기업들은 자신들이 보유한 기업특유의 우위를 입지적으로 유리한 환경을 제공하는 국가에서 내부화 하려고 하는데 부패한 국가는 기업활동을 함에 있어서 오히려 불확실성을 높이는 환경, 즉 입지적인 측면에서 열위를 제공하는 효과를 보이기 때문에 기업들은 이러한 국가들을 기피하게 된다. Zhao 등(2003) 또한 부패한 국가에서의 뇌물공여 행위는 결국 기업의 거래비용을 높이는 결과를 가져오며, 이는 제품가격을 인상시킴으로써 가격 경쟁력을 떨어뜨린다는데 동의하고 있다.

이들은 이러한 요인 외에 다국적기업들이 부패한 국가를 기피하는 두 가지 이유를 추가로 제시하고 있다. 즉 부패한 국가에서의 사업활동은 곧 부패스캔들에 노출될 우려가 있으며, 이는 결국 기업의 평판을 훼손시킬 가능성이 높다는 점이다. 또 하나의 이유는 국가의 부패는 정치적 위험을 높이기 때문이다. 즉 부패한 국가는 정치적으로 불안정하며 국가의 소요사태나 정치적 변혁을 가져올 가능성이 높기 때문에 외국 기업의 입장에서는 투자를 꺼리게 된다.

따라서 다음과 같은 가설이 설정된다.

가설1: 국가의 부패는 해외직접투자의 유입에 부정적인 영향을 미칠 것이다. 즉 국가의 부패 수준이 높을수록 해외직접투자의 유입은 줄어들 것이다.

부패는 비록 정도의 차이는 있지만 선진국과 저 개발국을 포함한 전 세계에 만연되어 있다. 그러나 국가의 부패는 부유한 사람들보다는 공공서비스에 더 많은 의존을 할 수 밖에 없는 가난한 사람들에게 더 심각한 폐해를 입히게 된다(Gupta, 1998). 특히 부패한 관료들은 정부의 예산 중에서도 교육 예산과 같이 비교적 뇌물을 챙기기 쉬운 자금에 손을 대는 경향이 있다. 따라서 이러한 지원 자금이 더욱 절실히 필요한 가난한 계층의 사람들에게 교육에 대한 열망을 좌절시키며, 또한 이는 국가의 경제성장을 더디게 만든다. 더구나 이로 인한 국가의 빈곤은 반부패적이고 효율적인 법체계를 구축하는데 필요한 자원을 충분히 조달할 수 없게 함으로써 결과적으로 부패를 더욱 악화시킨다. 이러한 상황은 선진국보다는 저 개발국에서 흔히 나타나는 현상이다(Voyer & Beamish, 2004, p. 214).

그리고 저 개발국에서는 부패 자체가 사회 전반에 걸쳐 연결고리 형태로 나타나는 현상을 보인다. 이러한 저 개발국에서 나타나는 부패의 특징이 바로 Rodriguez 등(2005)이 제시한 개념으로 표현하자면 소위 부패의 침투성(pervasiveness)이 높은 국가에서 나타나는 현상이다. 그래서 투자기업의 입장에서는 상대적으로 법체계가 부실한 저 개발국에서 부패행위에 직면하였을 때 더 많은 거래비용과 어려움을 초래할 가능성이 높다.

따라서 다음과 같은 하위 가설이 설정된다.

가설1-1: 부패가 해외직접투자의 유입에 미치는 부정적인 효과는 선진국보다는 개발도상국에서 더 크게 나타날 것이다.

투자기업의 입장에서 일반적으로 부패한 국가보다는 청렴한 국가를 선호하는 것은 사실이지만 모든 기업들이 부패한 국가에 투자하는 것을 회피하는 것은 아닐 것이라는 주장이 일부 학자들에 의해 제기되고 있다. Habib & Zurawicki(2002)와 Cuervo-Cazurra(2006)에 의하면 부패한 국가의 기업들은 투자 지역으로서 반드시 청렴한 국가만을 선택하는 것은 아니며, 부패한 타 국가에 대한 투자를 때로는 선호하기도 한다는 것이다.

이들의 주장은 Johanson을 비롯한 스웨덴 학파(Johanson & Wiedersheim-Paul, 1975; Johanson & Valne, 1977)가 제시한 FDI의 입지적 요인에 해당하는 심리적 거리(psychic distance)란 개념에 근거한다. 즉 FDI를 실행하는 기업들이 우선적으로 선호하는 국가는 모국과의 심리적 거리가 가까운 국가들이라는 것이다. 여기서 심리적 거리는 언어, 문화, 기업관행, 산업 발전, 규제 등에 있어서 투자국과 피투자국과의 차이를 말한다. Habib 등이 주장하는 바에 의하면 부패한 환경도 이러한 심리적 거리의 개념으로 설명할 수 있기 때문에 부패한 국가의 기업들은 청렴한 국가보다는 오히려 적당한 수준의 부패 국가가 기업활동을 하는데 있어서 더 편안함을 느낀다는 것이다.

독점적우위 이론에 의하면 해외에 투자를 하는 기업은 타 국가에서 기업활동을 함에 있어서 현지 기업에 비해 더 많은 비용을 지불해야 한다고 보았다. 즉 이는 외국기업으로서 원천적으로 지불해야 하는 외국인 비용인 것이다(Zaheer, 1995). 부패한 국가일수록 이러한 외국인 비용은 더 높아질 것이다. 하지만 부패한 국가의 기업들은 모국에서 이미 부패한 관료들을 어떻게 다뤄야 하는지 등에 대해서 경험과 지식을 어느 정도 습득하였기 때문에 유사한 환경의 부패한 피투자국에서 지불해야 할 외국인 비용을 줄일 수가 있는 것이다. 다시 말하면 부패한 국가에서의 경험은 오히려 다른 외국 기업과의 경쟁에서 일종의 독점적 우위로 활용될 수 있다. 따라서 다음과 같은 가설이 설정된다.

가설2: 투자국과 피투자국 간의 부패 수준의 차이가 작을수록 피투자국에 대한 해외직접투자의 유입은 증가할 것이다.

5-2 변수의 측정

5-2-1 종속변수

종속변수인 FDI의 유입에 대한 측정변수로서 대부분의 선행연구들은 피투자국에 유입되는 연도별 FDI 금액을 사용하였다. 이 경우에 미국과 같은 선진국들은 FDI의 절대적 총량 자체가 워낙 많고 또한 투자 지역이 비교적 많은 국가에 골고루 분포되어 있기 때문에 방법론 상의 큰 문제는 없다. 하지만 한국의 경우는 시장규모가 큰 미국과 중국 두 나라에 FDI가 압도적인 비중으로 집중되어 있다.

따라서 본 실증분석에서는 종속변수의 측정변수로서 FDI 유입액 외에 그 금액을 피투자국의 인구로 나눈 1인당 FDI 유입액을 추가적으로 사용하기로 한다. 이 측정변수는 FDI 집중도의 개념으로서 국가 혹은 시장의 절대적인 규모와 상관없이 FDI가 어느 국가에 집중되는가를 측정하는데 유용하다. 일본기업의 FDI를 조사한 Voyer & Beamish(2004)의 연구에서도 이러한 측정변수를 사용하였다.

그리고 각 국가별 FDI 유입액을 단일 연도(예를 들면 2015년도)를 기준으로 할 경우에는 연도별로 한국기업의 FDI 유입액의 편차가 크고, 또한 경제 규모가 상대적으로 작은 국가들이 표본에서 제외될 가능성이 있다. 따라서 피투자국의 표본 수를 늘리기 위해 2011년부터 2015년까지 5년의 기간 동안 최소 3개 연도 이상 한국기업에 의한 실제 투자 실적이 있는 국가들을 대상으로 5년간 연평균 FDI 유입액을 구하여 사용하였다. 따라서 5년의 기간 동안 투자 실적이 없거나 혹은 2개 연도 이하의 투자 실적이 있는 국가들은 표본에서 제외하였다. 이는 투자대상국으로서 한국기업들이 간헐적으로 투자를 하는 국가들은 배제하는 대신에 투자가 비교적 꾸준히 이어지는 국가들만을 표본에 포함시키기 위한 조치이다. 아울러 단순히 세금을 피하기 위해 조세피난처(tax heaven)로 분류되는 국가에 대한 투자도 본 실증분석의 표본에서 제외하였다.

실제 통계분석에서 사용될 종속변수는 앞서 설명했듯이 두 가지의 측정값을 구하여 사용하였다. 하나는 미국 달러화로 표시된 FDI 유입액에 자연로그를 취한 값이며, 또 하나는 1인당 FDI 유입액에 자연로그를 취한 값이다.

5-2-2 독립변수

우선 피투자국의 부패 정도를 나타내는 수치로서 본 연구에서 사용된 자료는 1993년에 설립된 비정부기구(NGO)로서 국제적인 반부패 운동을 벌이고 있는 국제투명성기구(Transparency International: 이하 TI)에서 발표하는 '부패인식지수(Corruption Perceptions Index: 이하 CPI)를 기본적으로 활용하였다. 부패와 FDI 간의 상관관계를 조사한 선행 실증연구들이 부패의 측정변수로서 가장 많이 사용한 것이 바로 이 CPI이다.

CPI는 각국의 공공부문의 부패행위(뇌물수수, 납품에 대한 리베이트, 공적 자금의 횡령 등)에 대해 공신력 있는 전문가들이 평가한 수치로서 13개의 서로 독립된 여론 조사를 바탕으로 계량화한 자료이다. 이 지수는 0점(매우 부패함)에서부터 100점(매우 청렴함) 사이의 숫자로 표시되며 세계 180여개 국가를 대상으로 그 순위가 매겨진다.

CPI와 비슷한 성격으로서 TI에서 발표하는 또 하나의 지표, 즉 '뇌물공여지수(Bribe Payers Index)가 있다. 이는 전 세계 다국적기업의 고위 임원들을 대상으로 그들이 실제 주재한 국가의 공무원들에게 뇌물을 제공하도록 압력을 느낀 정도를 계량화한 지수이다. 하지만 이 지수는 단지 30개국만을 대상으로 조사한 것이기 때문에 본 연구에서 사용하기에는 한계가 있다.

Wei(2000)는 부패와 국제 자본이동 간의 상관관계를 밝혀내기 위한 실증연구에서 부패에 대한 3가지의 서로 다른 측정변수를 사용하였다. 그는 CPI 외에 세계은행이 발표하는 부패지수와 독일의 수출업계에서 조사한 세계부패지수를 비교하였으나 분석결과에 있어서 3가지의 지수 간에 큰 차이가 발견되지 않았다. Svensson(2005) 또한 부패에 관한 실증연구에서 CPI를 비롯한 3개의 측정변수를 비교하였으나 역시 서로 상관관계가 매우 높게 나타났으며, 그 중에서도 CPI가 가장 높은 설명력을 보이고 있다고 결론지었다.

따라서 본 실증분석에서도 가설1을 검정하기 위해서 CPI를 국가의 부패 수준에 대한 측정치로 사용하였으며, 가설2에 대한 검정은 한국(CPI 53점)과 각 피투자국 간의 CPI 차이에 대한 절대값을 측정치로 채택하였다.

독립변수로서 국가의 부패 수준 외에 본 연구모형에서는 FDI의 입지적 결정요인을 조사한 선행연구들이 많이 사용했던 투자국과 피투자국 간의 지리적 거리, 피투자국의 시장 규모를 통제변수로 포함시켰다. 선행연구들의 일반적인 결론에 의하면 모국과 지리적으로 가깝고 또한 시장의 규모의 클수록 FDI의 유입이 집중되는 경향을 보이는 것으로 나타났다. 시장 규모는 각 국가의 GDP를 측정변수로 사용하였으며, 지리적 거리는 투자국의 수도와 피투자국의 수도 간의 항공거리(km)로 측정하였다.

이와 더불어 피투자국의 경제적/제도적 요인으로서 다음과 같은 4

가지 통제변수들을 추가하였다. 즉 피투자국의 인프라 구축, 노동시장의 유연성, FDI에 대한 정부의 규제, 그리고 조세부담률이 바로 그것이다. 투자 대상국으로서 교통, 통신 등의 인프라가 잘 갖추어져 있을수록, 노동자의 임금 결정 및 고용과 해고에 있어서 유연성이 높을수록, FDI에 대한 정부의 규제가 낮을수록, 그리고 법인세를 포함한 전반적인 조세부담률이 낮은 국가일수록 FDI의 유입이 증가할 것으로 예측된다.

5-3 자료의 수집

종속변수와 독립변수들을 측정하기 위한 모든 자료는 각 기관에서 발표하는 2차 자료(secondary data)를 바탕으로 수집하였다. 우선 종속변수인 한국기업의 각 국가별 FDI 유입액은 한국수출입은행에서 발표하는 「해외투자통계」를 통해 자료를 수집하였다. 이 자료에 의하면 한국기업의 FDI 금액이 연도, 국가, 업종, 기업규모 등을 기준으로 자세히 분류되어 있다. 본 연구에서는 2011년부터 2015년까지의 5년 동안에 3개 연도 이상 한국기업의 실제 투자 실적이 있는 84개 국가를 대상으로 실증분석을 실시하였다.

독립변수인 국가의 부패에 대한 측정변수인 CPI에 관한 자료는 TI의 웹사이트에 나와 있는 발간자료 「Corruption Perceptions Index 2016」에서 수집하였다. 참고로 TI에서 발간한 2016년도 자료에 의하면 CPI가 가장 높은 90점의 덴마크와 뉴질랜드부터 시작하여 최하위 10점의 소말리아까지 176개 국가의 순위가 나와 있다.

그 외에 기초 자료인 GDP와 인구, 그리고 통제변수로 사용된 인프라 구축, 노동유연성, FDI에 대한 정부의 규제, 조세부담률은 세계경제포럼(World Economic Forum)에서 발간하는 「글로벌 경쟁력보고서」(Global Competitiveness Report 2015-2016)에서 수집하였다. 이 보고서에서 인프라 구축, 노동유연성, 그리고 정부의 규제는 140개국을 대상으로 1점부터 7점 사이의 지수로 측정되며, 점수가 높을수록 외국기업의 투자 환경이 양호한 것으로 간주된다. 그리고 조세부담률은 외국기업이 부담해야 할 법인세 및 노동과 기타 관련된 세금을 포함한 총 세율로 표시된다. 마지막으로 투자국과 피투자국 수도 간의 항공 거리(Km)는 지구에 관한 자료들을 제공하는 웹사이트(www.

chemical-ecology.net/java/capitals.htm)에서 자료를 구하였다.

참고로 본 실증분석에서 사용된 84개의 피투자국에 대한 한국기업의 연평균 FDI 유입액, CPI, 인구 및 GDP에 대한 자료가 아래의 〈부록 2〉에 나와 있다.

〈부록 2〉 실증분석에 사용된 피투자국가별 기초 자료

(단위 : 각각 백만 달러, 백만 명, 십억 달러)

연번	국가	연평균 FDI	CPI	인구	GDP
1	미국	5995.0	74	321.6	17947.0
2	중국	3748.0	40	1374.6	10982.0
3	오스트레일리아	1731.6	79	24.0	1223.9
4	캐나다	859.8	82	35.8	1552.4
5	홍콩	1314.6	77	7.3	309.9
6	베트남	1251.0	33	91.7	191.5
7	인도네시아	830.2	37	255.5	859.0
8	영국	544.4	81	65.1	2849.3
9	캄보디아	76.8	21	15.5	18.2
10	싱가포르	869.0	84	5.5	292.7
11	브라질	776.6	40	204.5	1772.6
12	아일랜드	345.0	73	4.6	238.0
13	인도	349.0	40	1292.7	2090.7
14	태국	220.6	35	68.8	395.3
15	독일	198.2	81	81.9	3357.6
16	벨기에	240.2	77	11.3	454.7
17	스페인	113.0	58	46.4	1199.7
18	네덜란드	989.4	83	16.9	738.4
19	마다가스카르	130.2	26	24.2	9.7
20	일본	747.2	72	126.9	4123.3
21	멕시코	622.0	30	127.0	1144.3
22	필리핀	357.4	35	102.2	292.0
23	아랍에미레이트	104.2	66	9.6	345.5

24	페루	211.8	35	31.9	192.1
25	말레이시아	305.2	49	31.0	296.2
26	카자흐스탄	139.4	29	17.7	173.2
27	룩셈부르크	300.4	81	0.6	57.4
28	칠레	53.4	66	18.0	240.2
29	프랑스	199.0	69	64.3	2421.6
30	터키	146.8	41	77.7	733.6
31	파나마	244.0	38	4.0	52.1
32	러시아	109.4	29	146.3	1324.7
33	콜롬비아	44.8	37	48.2	293.2
34	사우디 아라비아	552.2	46	31.4	653.2
35	미얀마	364.0	28	56.9	68.3
36	노르웨이	76.4	85	5.2	389.5
37	불가리아	20.8	41	7.2	49.0
38	몽골	44.0	38	3.0	11.7
39	폴란드	37.2	62	38.0	474.9
40	우즈베키스탄	20.4	21	29.5	66.8
41	뉴질랜드	28.2	90	4.7	172.2
42	대만	33.4	61	23.5	523.6
43	슬로바키아	56.6	51	5.4	86.6
44	남아공	23.2	45	55.0	313.0
45	라오스	29.4	30	7.0	12.5
46	파키스탄	22.0	32	186.2	270.0
47	오만	39.8	45	3.8	58.5
48	에콰도르	5.0	31	16.3	98.8
49	아르헨티나	3.8	36	43.1	585.6
50	체코	29.0	55	10.5	181.9
51	가나	4.6	43	26.9	36.0
52	스위스	50.4	86	8.2	664.6
53	이탈리아	34.4	47	60.8	1815.8
54	방글라데시	8.4	26	159.9	205.7
55	카타르	2.6	61	2.4	185.4
56	오스트리아	10.4	75	8.6	374.1
57	루마니아	37.6	48	19.9	177.3

58	카메룬	0.8	26	23.1	28.5
59	브루나이	1.2	58	0.4	11.8
60	사이프러스	45.6	55	0.9	19.3
61	스웨덴	3.4	88	9.9	492.6
62	키르기스	2.8	28	6.0	6.7
63	이집트	6.4	34	88.4	330.8
64	헝가리	9.6	48	9.9	120.6
65	스리랑카	1.0	36	21.1	82.1
66	나이지리아	21.6	28	178.7	490.2
67	케냐	0.6	26	44.2	61.4
68	포르투갈	7.6	62	10.4	199.1
69	우간다	0.8	25	39.9	24.7
70	우루과이	4.6	71	3.4	53.8
71	이라크	31.2	17	38.1	156.3
72	네팔	4.0	29	28.4	21.4
73	코트디브와르	1.4	34	23.7	21.2
74	리비아	2.6	14	6.5	39.4
75	덴마크	14.6	90	5.7	295.0
76	파라과이	0.6	30	7.0	28.1
77	알제리	0.6	34	39.9	172.3
78	니카라과	2.8	26	6.3	12.2
79	레바논	1.0	28	4.6	51.2
80	모로코	7.4	37	33.5	103.1
81	쿠웨이트	0.6	41	4.1	120.7
82	르완다	0.6	54	11.3	8.3
83	핀란드	2.2	89	5.5	229.7
84	볼리비아	0.8	33	11.5	33.2

5-4 가설의 검정 결과

가설검정을 위한 회귀분석을 하기 전에 먼저 다중공선성(multicollinearity) 문제를 확인하기 위해 독립변수들 간의 상관관계를 조사하였다. 다음의 〈표 5-1〉은 국가 부패(CPI), 한국과 피투자국 간의 부패 수준 차이, 그리고 기타 통제변수들 간의 상관계수를 보여주고 있다.

〈표 5-1〉 독립변수들 간의 상관계수

	국가 부패	부패수준 차이	지리적 거리	시장 규모	인프라 구축	노동 유연성	FDI 규제	조세 부담률
국가 부패	1.0							
부패수준의 차이	-0.84							
지리적 거리	0.01	0.02						
시장규모	0.40	-0.01	-0.11					
인프라 구축	0.82	-0.04	-0.10	0.62				
노동유연성	0.39	0.11	-0.19	0.14	0.42			
FDI 규제	0.61	0.05	-0.02	0.15	0.55	0.59		
조세부담률	-0.11	-0.10	0.23	0.25	-0.09	-0.39	-0.29	1.0

우선 통제변수로 사용된 '인프라 구축'과 'FDI에 대한 규제'는 타 변수들과의 상관계수가 비교적 높게 나타났다. '인프라 구축'은 '국가 부패'와 '시장 규모'에 대해서 각각 0.82와 0.62의 매우 높은 상관관계를 보여주고 있는데, 이는 인프라가 잘 갖추어진 국가일수록 부패의 정도가 낮으며 시장 규모 또한 상대적으로 크다는 것을 알 수 있

다. 참고로 TI가 발표하는 CPI의 수치가 높을수록 부패의 정도가 낮은(혹은 청렴도가 높은) 것으로 측정된다.

또한 'FDI에 대한 규제'는 '국가 부패', '인프라 구축', 그리고 '노동 유연성'과의 상관계수가 각각 0.61, 0.55, 0.59로 비교적 높게 나타났다. 이러한 사실은 FDI에 대한 규제 정도가 낮은 국가가 부패의 정도도 낮으며, 인프라는 잘 구축되어 있는 동시에 노동시장의 유연성이 높다는 것을 의미한다.

따라서 타 변수들과의 상관계수가 높은 것으로 드러난 2개의 변수, 즉 '인프라 구축'과 'FDI 규제'는 가설검정을 위한 회귀분석에서 제외하기로 한다. 그 외의 독립변수들은 타 변수들과의 상관계수의 절대치가 모두 0.4 이하로 나타났다.

5-4-1 가설1에 대한 검정 결과

국가의 부패 수준이 FDI의 유입에 부정적인 영향을 미칠 것이라는 가설1을 검정하기 위해 SPSS 통계패키지를 이용하여 다중회귀분석을 실시하였으며, 그 결과가 〈표 5-2〉에 나와 있다. 회귀분석과 함께 다중공선성의 여부를 다시 확인하기 위해 독립변수들의 분산팽창요인(VIF) 값을 구하였는데, 가장 높은 값이 1.48로서 일반적으로 허용되는 기준치인 10보다 훨씬 낮기 때문에 다중공선성은 큰 문제가 없는 것으로 확인되었다(강병서, 1999).

〈표 5-2〉 가설 1에 대한 회귀분석 결과

독립변수 \ 종속변수	FDI 유입 총액			1인당 FDI 유입액		
	(5-1)	(5-2)	(5-3)	(5-4)	(5-5)	(5-6)
(상수)	12.92 (3.68)***	7.69 (2.55)**	10.01 (2.36)**	5.38 (1.74)*	5.34 (1.64)	4.12 (1.13)
국가 부패	0.04 (3.20)***	0.01 (0.79)	0.03 (2.46)**	0.06 (5.67)***	0.06 (5.06)***	0.05 (4.90)***
지리적 거리	−1.25 (−3.21)***	−0.99 (−3.05)***	−1.21 (−2.98)***	−0.85 (−2.49)**	−0.85 (−2.45)**	−0.64 (−1.85)**
시장 규모		0.81 (6.26)***			0.01 (0.05)	
노동유연성			0.53 (1.26)			0.14 (0.39)
조세부담률			0.01 (0.77)			−0.03 (−2.02)**
R^2	0.201	0.464	0.218	0.320	0.320	0.367
F값	10.197***	23.042***	5.493***	19.071***	12.558***	11.444***

주: 괄호 안은 t값을 나타냄. *: P〈0.10, **: P〈0.05, ***: P〈0.01

〈표 5-2〉에서 보듯이 종속변수인 FDI의 유입액은 유입 총액과 1인당 유입액의 두 가지 측정치로 구분하여 회귀분석을 실시하였는데, 유입 총액보다는 1인당 유입액을 사용한 연구모형의 설명력, 즉 R^2와 F값을 기준으로 할 때 전반적으로 더 높게 나타났다.

그리고 CPI로 측정된 '국가 부패'는 회귀식 (5-2)를 제외하고 모든 회귀식에서 통계적으로 유의한 것으로 드러났으며, 그 계수의 부호 역시 가설과 마찬가지로 일관되게 정(+)의 방향을 보이고 있다. 즉 부패의 정도가 낮은 국가일수록 FDI의 유입은 늘어나는 것이 확인되었다.

한편 회귀식 (5-2)는 종속변수로서 FDI의 유입 총액을 사용하고 통제변수인 '시장 규모'가 투입된 경우로서 종속변수에 대한 '시장 규모'의 설명력이 다른 독립변수에 비해 압도적으로 높게 나타났다. 즉 앞서 예상했던 바와 같이 시장 규모가 큰 국가일수록 총액 기준의 FDI의 유입이 늘어나는 것으로 확인되었다. 그러나 회귀식 (5-2)에서 '국가 부패'가 통계적으로 유의하지 않게 나타난 원인은 아마도 앞서 〈표 5-1〉에서 보았듯이 '국가 부패'와 '시장 규모' 간의 상관계수가 0.40으로서 '국가 부패'의 종속변수에 대한 설명력의 일정 부분이 '시장 규모'의 효과에 중첩되어 나타났기 때문일 수도 있다. 그래서 '시장 규모'를 독립변수에서 제외하고 분석을 한 결과, 회귀식 (5-1)과 (5-3)에서 보듯이 '국가 부패'가 모두 통계적으로 유의한 것으로 밝혀졌다.

이러한 측면에서 1인당 FDI 유입액을 종속변수로 사용한 회귀식을 통해서 그 결과를 다시 확인해 볼 필요가 있다. 회귀식 (5-5)에서 '시장 규모'는 통계적으로 유의하지 않게 나타난 반면에 '국가 부패'는 유의한 것으로 드러났다. 즉 시장 규모가 크다고 해서 1인당 FDI의 유입액이 증가하지는 않으며, 반면에 부패 정도가 낮을수록 1인당 FDI의 유입액은 증가하는 것으로 밝혀진 것이다. 그리고 동일한 측정치의 종속변수를 사용한 회귀식 (5-4)와 (5-6)에서도 '국가 부패'는 일관성 있게 정(+)의 방향에서 통계적으로 유의한 결과를 보이고 있다.

이러한 결과를 종합하여 볼 때 가설1은 지지되는 것을 확인할 수 있다. 즉 국가의 부패 수준이 높을수록 그 국가에 대한 FDI의 유입은 늘어나는 것으로 밝혀졌다.

'시장 규모' 외에 또 다른 통제변수인 '지리적 거리'는 예상했던 대로 모든 회귀식에서 부(-)의 방향에서 통계적으로 유의하게 나타났다. 따라서 투자국과 피투자국 간에 지리적으로 멀리 떨어질수록 FDI의 유입은 줄어드는 것이 확인되었다. 그 밖의 통제변수 중에서는 조세부담률이 회귀식 (5-6)에서 역시 부(-)의 방향에서 통계적 유의성을 보이고 있다. 즉 피투자국의 세금 부담이 높을수록 1인당 FDI 유입액이 줄어드는 결과가 나타났다.

그리고 선진국보다는 개발도상국에서 FDI의 유입에 대한 부패의 부정적 효과가 더 크게 나타날 것이라는 가설1-1을 검정하기 위해 표본 국가를 선진국과 비 선진국 그룹으로 구분하여 각각 회귀분석을 실시하였다. 선진국의 기준은 경제협력개발기구(OECD)의 가입 여부를 가지고 구분하였으며, 2016년 7월 현재 회원국의 수는 35개국이다.

〈표 5-3〉은 1인당 FDI 유입액을 종속변수로 사용하여 선진국 그룹과 비 선진국 그룹에 대해 각각 회귀분석을 한 결과를 보여주고 있다.

〈표 5-3〉 가설 1-1에 대한 회귀분석 결과

종속변수 / 독립변수	1인당 FDI 유입액(비 선진국)			1인당 FDI 유입액(선진국)		
	(5-7)	(5-8)	(5-9)	(5-10)	(5-11)	(5-12)
(상수)	6.37 (1.71)*	6.48 (1.62)	5.15 (1.13)	5.36 (0.80)	6.63 (0.92)	6.75 (0.66)
국가 부패	0.05 (2.40)**	0.05 (2.36)**	0.05 (2.04)**	0.03 (1.52)	0.03 (1.49)	0.01 (0.09)
지리적 거리	−0.97 (−2.40)**	−0.98 (−2.35)**	−0.72 (−1.69)*		−0.70 (−0.97)	−0.50 (−0.68)
시장 규모		−0.01 (−0.08)	0.10 (0.55)		−0.14 (−0.52)	0.09 (0.32)
노동유연성			−0.06 (−0.13)			0.34 (0.38)
조세부담률			−0.03 (−1.70)*			−0.07 (−1.48)
R^2	0.190	0.190	0.240	0.121	0.130	0.333
F값	5.974***	3.907**	3.027**	1.85	1.293	2.397*

주: 괄호 안은 t값을 나타냄. *: P〈0.10, **: P〈0.05, ***: P〈0.01

〈표 5-3〉은 두 그룹에 대한 회귀분석의 결과가 뚜렷하게 차이가 나고 있음을 보여주고 있다. 우선 '국가 부패'는 비 선진국 그룹에선 모두 정(+)의 방향에서 통계적인 유의성이 검증되었으나 선진국 그룹에선 모두 유의하지 않은 것으로 밝혀졌다. 즉 피투자국이 개발도상국인 경우에는 부패의 정도가 낮아질수록(즉 상대적으로 청렴한 국가일수록) 1인당 FDI의 유입액은 증가하고 있는 반면에 선진국의 경우에는 비록 부패의 정도가 조금 낮아지더라도 FDI의 유입은 유의하게 늘어나지 않는다는 사실이 확인되었다. 따라서 가설1-1은 채택되었다.

그 외에 통제변수들 역시 비 선진국 그룹에선 전체 표본을 대상으로 분석한 〈표 5-2〉에서와 마찬가지로 '지리적 거리'와 '조세부담률'이 부(-)의 방향에서 통계적으로 유의함을 보이고 있으나 선진국 그룹에선 전혀 유의하지 않은 것으로 나타났다.

국가의 부패 수준이 FDI의 유입에 미치는 영향이 선진국과 비 선진국 그룹 간에 차이를 보인다는 본 실증분석의 결과는 일본기업의 FDI를 대상으로 조사한 Voyer & Beamish(2004)의 연구결과와 일치하고 있다. 그들의 연구에서도 선진국 그룹에서는 부패지수가 FDI의 유입에 별다른 영향을 미치지 않았으나 신흥개발국 그룹의 경우에는 FDI의 유입에 부정적인 영향을 미치는 것으로 드러났다.

반면에 개발도상국 대신에 소수의 체제전환국들만을 대상으로 조사한 Cuervo-Cazurra(2008)의 연구에서는 부패 수준의 FDI의 유입에 대한 부정적인 효과가 피투자국 전체 표본 국가를 대상으로 분석했을 때보다 오히려 덜 나타나는 것으로 밝혀졌다. 하지만 이 연구에서는 Voyer & Beamish(2004)나 본 연구에서와 같이 단일 투자국을 대상으로 한 것이 아니고 100여개가 넘는 복수의 투자국의 FDI를 가지고 조사하였고, 또한 개발도상국 그룹에 정치적/경제적 환경이 거의 유사한 체제전환 과정의 피투자국들만을 포함시켰기 때문에 그 결과를 직접적으로 비교하기는 어렵다.

선진국 그룹을 대상으로 한 본 실증분석의 결과, 즉 국가의 부패 수준이 FDI의 유입에 별다른 영향을 미치지 않는 다는 사실에 대해서 다음과 같은 해석이 가능하다. 우선 선진국들의 경우에는 비록 부패 문제가 만연하더라도 부패 문제로 인한 부정적 요소들을 상쇄할 수 있는 높은 소득 등과 같은 경제적 환경과 관련된 유인 요소들이 있기 때문이라고 판단할 수 있다. 또 다른 해석은 선진국들의 부패 문제는 개발도상국들과 비교하여 질적으로 차이가 있다고 투자 기업들이 믿기 때문일 수도 있다. 즉 선진국들에서는 관료들의 부패 행위가 개발도상국들보다는 상대적으로 덜 강압적이어서 투자 기업의 입장에서는 자의적인 판단 하에 부패 행위에 스스로 개입하지 않거나 혹은 그들의 부패 행위에 응하지 않더라도 자신들에게 돌아오는 피해가 그리 크지 않을 것이라고 생각할 수도 있다.

5-4-2 가설2에 대한 검정 결과

가설2는 FDI를 수행하는 기업의 입장에서 다른 조건이 동일하다면 투자국과 비슷한 부패 수준의 국가에 진출하는 것을 선호한다는 것이다. 이는 FDI가 피투자국의 절대적 부패 수준보다는 투자국과 피투자국의 상대적 부패 수준의 차이에 더 많은 영향을 받는다는 것을 말한다. 따라서 부패 수준이 낮은 국가의 기업들은 부패 수준이 낮은 국가에 투자를 하는 경향이 있고 부패 수준이 높은 국가의 기업들은 부패 수준이 상대적으로 높은 국가에 투자를 한다는 것이다.

이와 같은 가설을 검정하기 위해 독립변수인 부패 수준의 차이를 투자국인 한국과 피투자국의 CPI 차이의 절대치로 측정하여 회귀분석을 한 결과가 〈표 5-4〉에 나와 있다.

〈표 5-4〉 가설 2에 대한 회귀분석 결과

종속변수 / 독립변수	FDI 유입 총액		1인당 FDI 유입액	
	(5-13)	(5-14)	(5-15)	(5-16)
(상수)	7.68 (2.53)**	8.89 (2.03)**	5. 45 (1.45)	2.24 (0.54)
부패 수준 차이	0.01 (0.09)	−0.01 (−0.17)	0.01 (0.09)	−0.01 (−0.40)
지리적 거리	−0.97 (−2.99)***	−1.12 (−2.68)***	−0.74 (−1.86)	−0.50 (−1.25)
시장 규모	0.86 (7.29)***		0.31 (2.16)**	
노동유연성		0.94 (2.33)**		0.85 (2.22)**
조세부담률		0.013 (0.87)		−0.02 (−1.54)
R^2	0.459	0.158	0.103	0.176
F값	22.661***	3.699**	2.152	4.230***

주: 괄호 안은 t값을 나타냄. *: P〈0.10, **: P〈0.05, ***: P〈0.01

투자국과 피투자국 간의 '부패 수준의 차이'는 FDI의 유입에 전혀 영향을 미치지 않는다는 것을 〈표 5-4〉는 보여주고 있다. 종속변수로서 FDI 유입 총액과 1인당 유입액을 구분하여 각각 회귀분석을 실시하였으나 모든 회귀식에서 양국 간의 '부패 수준의 차이'가 FDI의 유입에 영향을 미치지 않는 것으로 나타났다. 이는 한국기업들은 모국과 비슷한 수준의 부패한 국가를 투자 대상국으로 선호하지 않는다는 사실을 말해주며, 따라서 가설2는 기각이 되었다.

이러한 사실을 앞서 조사하였던 가설1의 검정 결과와 종합해 보면, 한국기업들은 투자 대상국을 선택하는데 있어서 부패의 수준 자체는 중요한 요인으로 판단하고 있으나 한국과 비슷한 수준의 부패한 국가들을 특별히 더 선호하지는 않는다는 것을 의미한다. 달리 말하면 한국기업들은 한국과 비슷한 수준의 부패한 국가보다는 보다 더 청렴한 국가들을 투자 대상국으로서 더 선호한다는 것을 말한다.

본 연구의 결과는 Habib & Zurawicki(2002)의 연구결과와 차이를 보인다. 선진 7개국의 투자기업들을 대상으로 1990년대의 FDI를 조사한 그 연구에서는 투자국과 피투자국 간의 부패 수준의 차이가 작을수록 FDI의 유입은 늘어나는 것으로 밝혀졌다. 이러한 연구결과의 차이는 아마도 연구대상으로서 투자국과 조사 시점의 차이에서 비롯된 것일 가능성도 있다. 그들의 연구는 부패 수준이 비교적 낮은 선진 7개국의 투자기업들을 대상으로 1990년대의 FDI 자료를 분석하였으며, 본 연구는 한국의 기업들을 대상으로 최근의 FDI 자료를 분석대상으로 삼았다.

통제변수에 있어서 '지리적 거리'는 FDI 유입 총액을 종속변수로 사용했을 때에만 통계적으로 유의하게 나타났다. 그리고 '시장의 규모'는 앞서 〈표 5-2〉에서와 달리 종속변수가 FDI 유입 총액과 1인당 유입액인 경우 모두 통계적으로 유의하게 나타났다. 즉 피투사국의 시장 규모가 클수록 FDI의 유입은 증가하고 있다.

그 외의 통제변수들 중에선 '조세부담률'은 통계적으로 유의하지 않으나 '노동유연성'은 유의한 것으로 드러났다. 즉 피투자국 노동시장의 유연성이 높을수록 FDI의 유입은 늘어나는 것으로 밝혀졌다. 그러나 '노동유연성'의 경우는 '부패 수준의 차이' 대신 '국가의 부패 수준' 즉 부패 수준의 절대치가 투입된 〈표 5-2〉에서는 통계적으로 유의하지 않게 나타났기 때문에 그 결과에 큰 의미를 부여하긴 어렵다.

제6장

결론 및 정책적 시사점

제6장

결론 및 정책적 시사점

본 연구는 피투자국의 제도적 요인 중에서 부패 수준이 FDI의 유입에 어떠한 영향을 미치는지를 한국기업의 FDI를 대상으로 실증분석을 통하여 밝혀내었다. 한국기업이 최근 5년 기간 중 3년 이상에 걸쳐 실제 투자한 실적이 있는 84개국의 자료를 바탕으로 문헌연구를 통해 도출한 3개의 가설을 설정하고 이를 검정하였다.

국제투명성기구(TI)에서 개발한 부패인식지수(CPI)를 사용하여 검정한 결과, 국가의 부패 수준이 FDI의 유입을 저해할 것이라는 가설이 채택되었으며 특히 투자기업들은 선진국보다는 개발도상국의 부패 수준에 더욱 부정적으로 반응할 것이라는 가설 역시 채택되었다. 이러한 결과를 놓고 볼 때 국가의 부패 문제가 선진국과 개발도상국 모두 경제성장의 감소 등과 같은 부정적인 영향을 국내 경제에 미치고 있지만, FDI의 유입과 같이 대외 경제 측면에서는 선진국보다 개발도상국에 더욱 부정적인 효과를 낳는다는 사실을 말해 준다.

그리고 같은 조건이라면 기업들은 자신의 모국과 비슷한 수준의 부패한 국가에 대한 투자를 선호할 것이라는 가설은 채택이 되지 않았다. 따라서 실증분석 결과를 종합해 보면 한국기업들은 선진국에 투자를 할 경우에는 부패 수준 자체가 별로 중요한 투자결정 요인으로 작용을 하지 않지만 개발도상국에 진출할 때에는 부패 수준에 민감하게 반응하며 특히 한국과 비슷한 수준의 부패한 국가보다는 부패 수준이 상대적으로 낮은 국가를 더 선호하는 경향이 있다는 것을 알 수 있다.

부패 수준 외에 본 연구에서 통제변수로 사용하였던 국가 간의 지리적 거리 및 시장의 규모가 FDI의 유입에 미치는 영향은 많은 선행연구들의 결과와 대체적으로 일치하였다. 즉 투자국과 피투자국 간의 지리적 거리가 멀어질수록 FDI의 유입은 줄어들며, 피투자국의 시장 규모가 클수록 FDI의 유입량이 늘어난다.

현재 세계 각국은 외국기업의 투자를 유치하기 위해 많은 노력을 기울이고 있다. 특히 국내 산업개발을 위해 해외 자본의 조달이 절실히 필요한 개발도상국들은 국제금융기관을 통한 차관 도입에 한계를 느끼고 FDI를 끌어들임으로써 이를 대체하려고 한다. 과거 자원 민족주의 이념에 사로잡혀 외국기업의 국내 투자에 다소 배타적인 태도를 보여왔던 일부 중남미 국가들과 개방주의 대신 폐쇄주의 경제정책을 내세웠던 인도와 같은 국가들도 근래 들어서는 적극적으로 FDI를 유치하기 위해 노력하고 있다. 뿐만 아니라 중앙계획 경제체제에서 시장경제체제로 전환하고 있는 동유럽의 구 사회주의 국가들도 FDI의 유치에 적극 나서고 있다.

이러한 맥락에서 본 연구결과가 제시하는 정책적 시사점은 그 의미가 매우 크다고 보겠다. 현재 선진국과 개발도상국 가리지 않고 많은 국가들이 FDI를 유치하기 위한 정책적 수단으로서 투자기업들에게 다양한 경제적 인센티브를 제공하고 있다. 예를 들면, 조세 감면, 저렴한 공장부지의 제공 등의 혜택이 바로 그런 것이다. 그러한 인센티브의 제공이 FDI의 유입에 과연 효과가 있는지에 대한 학계의 논쟁 또한 별개로 여전히 진행 중이다.

하지만 이런 정책과는 별도로 각국 정책의 투명성을 높임과 동시에 관료들의 부패 행위에 대해선 철저한 감시와 견제를 가할 수 있는 제도적인 시스템을 마련함으로써 국가 청렴도에 대한 국제사회의 인식을 고양시키기 위해 더욱 노력을 기울이는 것이 FDI를 유치하는데 더 효과적일 것이라는 판단을 본 연구의 결과가 제시하고 있다.

그 동안 TI와 같은 비정부기구에서 세계 각국의 부패 행위를 근절시키기 위해 많은 활동을 해왔다. 이러한 민간 차원에서의 노력이 지속되어야 하겠지만 IMF나 세계은행 같은 국제금융기구들도 개발도상국들의 부패 수준을 낮추기 위한 노력에 동참해야 할 것이다. 물론 현재도 국제금융기구의 자금 지원을 받아 국가의 부패에 관한 학술 연구들이 꾸준히 진행되고 있지만 빈곤 국가에 대한 자금지원 정책과 관련하여 보다 실질적인 효과를 거두기 위한 노력이 요구된다. 현재는 국가의 소득 수준에 따라서 개발자금의 지원과 공여가 주로 이루어지고 있으나 앞으로는 국가의 청렴도와 연계하여 자금을 지원하는 제도도 고려해 볼 필요가 있다. 물론 이를 위해서는 국가의 부패 수준 혹은 청렴도에 대한 평가가 왜곡되지 않도록 보다 객관적인 평가 지표가 개발되어야 함은 우선이다.

마지막으로 앞으로의 연구방향과 관련하여 다음과 같은 몇 가지의 제언들이 도움이 될 것이다. 첫째, 지금까지 많은 선행연구들이 미국을 비롯한 몇몇 선진국 기업들의 FDI를 대상으로 부패에 관련된 연구를 하였고, 본 연구는 한국기업의 FDI를 분석대상으로 삼았다. 현재 한국은 이미 선진국의 문턱에 거의 진입한 상태이고 앞의 이론 부분에서도 언급하였지만 최근 한국기업의 투자 행태는 사실 선진국 기업의 그것과 크게 다르지 않다. 이러한 측면에서 최근 적극적으로 FDI에 나서고 있는 중국과 같은 개발도상국들의 기업들을 대상으로 한 실증연구의 필요성이 제기된다.

둘째, 대부분의 선행연구들이 국가의 부패에 대한 주제를 다루는데 있어서 제조업을 대상으로 실증분석을 실시하였으나, 최근 증가하고 있는 서비스 산업의 FDI를 대상으로 동일한 주제의 연구도 시도할 만하다. 서비스 산업의 특성은 여러 가지 측면에서 제조업과 다르기 때문에 그 산업에 속해 있는 기업들의 부패에 대한 인식도 다를 것이라는 추측이 가능하다고 봤을 때 이에 대한 실증분석의 결과를 기존의 연구들과 비교해 볼 수 있겠다.

그리고 끝으로 본 실증분석 뿐만이 아니고 많은 기존 실증연구들의 한계점 가운데 한 가지를 지적하고자 한다. 지금까지 국가의 부패와 FDI의 관계를 규명하기 위한 선행연구들 대부분이 2차 자료, 즉 이미 투자된 FDI 금액을 바탕으로 조사를 하였다. 그러나 기업들마다 국가의 부패에 대한 인식들이 다를 수 있고, 또한 투자에 관한 의사결정 과정에 있어서 단순히 피투자국의 부패 수준만 고려하는 것이 아니고 실제로는 다양한 변수들이 개입될 수가 있는 것이다. 따라서 투자와 관련된 이러한 다소 복잡한 의사결정 과정을 구체적으로 밝히려는 연구도 사실 필요한데, 이는 단순히 2차 자료들을 이용하여 파악하기엔 한계가 있다. 이러한 연구를 위해선 실제 투자 의사결정 과정에 참여한 사람들을 대상으로 설문이나 면접을 이용하는 방식 등에 의해 수집된 1차 자료를 이용하여 조사를 해야 할 필요가 있다.

References

참고문헌

참고문헌

(국내 문헌)

강병서 (1999), 인과분석을 위한 연구방법론, 무역경영사.

강석민 (2010), "U.S. Manufacturig MNC's FDI: The Impact of Governance Institutions of The Host Country," 국제경영리뷰, 제 14권(1), pp. 77-96.

김 경 (1994), "한국의 해외직접투자 순유출의 변화에 관한 연구: 동태적 접근방법으로서의 해외직접투자 분석," 국제경영연구, 제 5권, 한국국제경영학회, pp. 37-61.

______ (2011), "피투자국의 입지적 요인과 해외직접투자의 유입: 선행 실증연구들의 비판적 고찰," 회계정보리뷰, 특별호, 계명대학교 산업경영연구소, 2011. 6, pp. 93-107.

남유현 (2010), "글로벌 자원확보 전쟁과 한국의 대응," 추계학술대회발표논문집, 한국국제경영관리학회, pp. 3-18.

대외경제정책연구원(2009. 5), 중국의 외국인 투자정책 변화와 시사점, KIEP 연구보고서.

매일경제신문 (1996. 12. 18), "현대自 인도 최초 단독투자 쾌거", p. 47.

서울경제신문(2005. 7. 28), "내수산업 해외로... 해외로 - GS홈쇼핑".

안세영(1993), 다국적기업 경제학, 박영사.

연합뉴스 (1994. 11. 25), "1994 세계 - 타오르는 유럽의 反부패혁명".

______ (2005. 2. 1), "홈쇼핑 업계 해외진출 '순풍".

임성훈 (2010), 국제경영, 학현사.

장세진 (2016), 경영전략, 제 9판, 박영사.

전경태·서민교·서준석 (2003), 국제경영. 학현사.

조선비즈닷컴 (2013. 3. 4), "한국 제조업 脫 중국, 동남아에 공장 더 짓는다".

최순규·신형덕 (2009), 국제경영, 번역판, 도서출판 석정. Charles W. L. Hill, *International Business*, 7th ed., McGraw-Hill Korea, 2009.

한국경제신문(2009. 3. 11), "락앤락, 100여 국가에 수출... 세계 주방문화 선도".

한국투명성기구(2012. 9. 3), "2012 OECD 뇌물방지협약 이행보고서 발표".

헤럴드 경제 (2011. 2. 14) "글로벌 자원전쟁 – 카메룬, 일본·중국도 포기한 황금밭, 한국향해 손짓".

M이코노미뉴스 (2016. 10. 10), "프랜차이즈 창업, 이제는 해외로 나간다".

MK뉴스 (2017, 3. 6), "이마트도 中매장 2곳 폐점, 韓유통업계 악몽 된 차이나 드림".

(외국문헌)

Agarwal, J. P. (1976), "Factor Proportions in Foreign and Domestic Firms in Indian Manufacturing," *Economic Journal*, Vol. 86, pp. 589-594.

______ (1980), "Determinants of Foreign Direct Investment: A Survey," *Weltwirtschaftliches Archiv*, Vol. 116, PP. 739-77.

Aizenman, J. & Spiegel, M. M. (2003), "Institutional Efficiency, Monitoring Costs, and the Investment Share of FDI," FRBSF Working Paper, No. 2003-06.

Altomente, C. (2000), "Economic Determinants and Institutional Frameworks: FDI in Economies in Transition," *Transnational Corporation*, Vol. 9(2), pp. 75-106.

Benassy-Quere, A., Coupet, M. & Mayer, T. (2005), "Institutional Determinants of Foreign Direct Investment," CEPII Working Paper, No. 2005-05.

Bennett, P. D. & Green, R. T. (1972), "Political Instability as a Determinants of Direct Foreign Investment in Marketing," *Journal of Marketing Research*, Vol. 9, pp. 162-186.

Beule, F. D. & Bulcke, D. V. (2012), "Locational Determinants of Outward Foreign Direct Investment: An Analysis of Chinese and Indian Greenfield Investment," *Transnational Corporations*, Vol. 21(1), pp. 1-34.

Bevan, A. A. & Estrin, S. (2004), "The Determinants of Foreign Direct Investment into European Transition Economies," *Journal of Comparative Economics*, Vol. 32(4), pp. 775-787.

________ (2004), "Foreign Investment Location and Institutional Development in Transition Economies," *International Business Review*, Vol. 13(1), pp. 43-64.

Billington, N. (1991), "The Location of Foreign Direct Investment: An Empirical Analysis," *Applied Economics*, Vol. 31(1), pp. 65-76.

Brunetti, A. & Weder, B. (1997), "Investment and Institutional Uncertainty: A Comparative Study of Different Uncertainty Measures," Technical Paper, No. 4, The World Bank.

Buckley, P. J. (1985), *The Economic Theory of the Multinational Enterprise*, The Macmillan Press: London.

Buckley, P. J & Casson, M. (1976), *The Future of the Multinational Enterprise*, The Macmillan Press: London.

Caves, R. E. (1971), "International Corporations: The Industrial Economics of Foreign Investment," *Economica*, Vol. 38, pp. 1-27.

Chakrabarti, A. (2001), "The Determinants of Foreign Direct

Investment: Sensitivity Analyses of Cross-Country Regressions," *Kyklos*, Vol. 54(1), pp. 89-114.

Chen, E. K. (1983), "Multinationals from Hong Kong", in S. Lall ed., *The New Multinationals: The Spread of Third World Enterprises*, John Wiley & Sons.

________ (1984), "Exports of Technology by Newly-Industrializing Countries: Hong Kong," *World Development*, May/June, pp. 481-490.

Cheng, L. K. & Kwan, Y. K. (2000), "What Are the Determinant of the Location of Foreign Direct Investment?: The Chinese Experience." *Journal of International Economies*, Vol. 51, pp. 379-400.

Cuervo-Cazurra, A. (2006), "Who Cares About Corruption?," *Journal of International Business Studies*, Vol. 37, pp. 807-822.

________ (2008), "Better the Devil You Don't Know: Types of Corruption and FDI in Transition Economies," *Journal of International Management*, Vol. 14(1), pp. 12-27.

Daude, C. & Payne, W. (2001), "The Quality of Institutions and Foreign Direct Investment," *Economics and Politics*, Vol. 19(3), pp. 317-344.

Doh, J. P., Rodriguez, P., Uhlenbruck, K., Collins, J. & Eden, L.(2003), "Coping with Corruption in Foreign Markets," *Academy of Management Executive*, Vol. 17(3), pp. 114-127.

Drabek, Z. & Payne, W. (2001), "The Impact of Transparency on Foreign Direct Investment," WTO Staff Working Paper.

Dunning, J. H. (1977), "Trade, Location of Economic Activity and the MNE: A Search for An Eclectic Approach" in Ohlin, B. Hesselborn, P. O., and Wijkman, P. M., eds., *The International Allocation of Economic Activity*, Holmes and Meier: N.Y.

______ (1979a), "The UK's International Direct Investment Position in the Mid- 1970s", *Lloyds Bank Review*, April, pp. 1-21.

______ (1979b), "Explaining Changing Patterns of International Production: In Defence of the Eclectic Theory," *Oxford Bulletin of Economics and Statistics*, Nov., pp. 269-295.

______ (1980), "Toward an Eclectic Theory of International Production: Some Empirical Tests," *Journal of International Business Studies*, Spring/Summer, pp. 9-31.

______ (1981a), "Explaining the International Direct Position of Countries: Towards a Dynamic or Development Approach," *Weltwirtschaftliches Archiv*, Vol. 117, pp. 30-64.

______ (1981b), "Explaining Outward Direct Investment of Developing Countries: In Support of the Eclectic Theory of International Production" in K. Kumar and M. McLeod, eds., *Multinationals from Developing Countries*, Lexington Books, MA.

______ (1981c), *International Production and the Multinational Enterprise*, Allen & Unwin: London.

Dunning, J. H. & Zhang, F. (2008), "Foreign Direct Investment and the Locational Competitiveness of Countries," *Transnational Corporations*, Vol. 17(3), pp. 1-30.

Euh, Y. D. & Min, S. H. (1986), "Foreign Direct Investment from Developing Countries: The Case of Korean Firms," *The Developing Economies*, Vol. 24(2), pp. 149-168.

Flores, R. G. & Aguilera, R. V. (2007), "Globalization and Location Choice: An Analysis of US Multinational Firms in 1980 and 2000," *Journal of International Business Studies*, Vol. 38(7), pp. 1187-1210.

Gani, A. (2007), "Governance and Foreign Direct Investment Links: Evidence from Panel Data Estimations," *Applied Economics*

Letters, Vol. 14, pp. 753-756.

Gastanaga, V. M., Nugent, J. B. & Pashamova, B. (1998), "Host Country Reforms and FDI Inflows: How Much Difference Do They Make?," *World Development*, Vol. 26(7), pp. 1299-1324.

Giddy, I. H. (1978), "The Demise of the Product Cycle Model in International Business Theory," *Columbia Journal of World Business*, Spring, pp. 90-97.

Globerman, S. & Shapiro, D. M. (1999), "The Impact of Government Policies on Foreign Direct Investment: The Canadian Experience," *Journal of International Business Studies*, Vol. 30(3), pp. 513-532.

______ (2002), "Global Foreign Direct Investment Flows: The Role of Governance Infrastructure," *World Development*, Vol. 30(11), pp. 1899-1919.

______ (2003), "Governance Infrastructure and U.S. Foreign Direct Investment," *Journal of International Business Studies*, Vol. 34(1), pp. 19-39.

Green, R. T. & Cunningham, W. H. (1975), "The Determinants of U.S. Foreign Investment: An Empirical Examination," *Management International Review*, Vol. 15(2-3), pp. 113-120.

Gupta, S. (1988), "Does Corruption Impact Income Inequity and Poverty?," Working Paper 76-98, IMF, Washington D. C.

Habib, M. & Zurawicki, L. (2002), "Corruption and Foreign Direct Investment," *Journal of International Business Studies*, Vol. 33(2), pp. 291-307.

Henisz, W. J. (2000), "The Institutional Environment for Multinational Investment," *Journal of Law, Economics and Organization*, Vol. 16(2), pp. 334-364.

Huntington, S. (1968), *Political Order in Changing Societies*, Yale

University Press: New Haven.

Hymer, S. (1960), *The International Operations of National Firms: A Study of Direct Foreign Investment*, Ph. D. Thesis, MIT. 이 학위 논문을 1976년에 MIT 출판부에서 책으로 발간함.

International Monetary Fund (2016), "Corruption: Costs and Mitigating Strategies." *IMF Staff Discussion Note*, May 2016.

Jo, Sung-Whan (1981), "Overseas Direct Investment by South Korean Firms: Direction and Pattern" in K. Kumar and M. McLeod, eds., *Multinationals from Developing Countries*, Lexington Books, MA.

Johanson, J. & Wiedersheim-Paul, F. (1975), "The Internationalization of the Firm: Four Swedish Case Studies," *Journal of Management Studies*, Vol. 12(3), pp. 305-322.

Johanson, J. & Vahlne, J. (1977), "The Internationalization of the Firm : A Model of Knowledge Deveopment and Increasing Foreign Market Commitments," *Journal of International Business Studies*, Vol. 8(1), pp. 23-32.

Judge, W. Q., Mcnatt, D. B. & Xu, W. (2011), "The Antecedents and Effects of National Corruption: A Meta-Analysis," *Journal of World Business*, Vol. 46(1), pp. 93-103.

Juhl, P. (1979), "On the Sectoral Patterns of West German Manufacturing Investment in Less Developed Countries: The Impact of Firm Size, Factor Intensities and Protection," *Weltwirtschaftliches Archiv*, Vol. 115(3), pp. 508-521.

Kaufmann, D. & Siegelbaum, P. (1996), "Privatization and Corruption in Transition Economies," *Journal of International Affairs*, Vol. 50(2), pp. 419-458.

Kaufmann, D., Kraay, A. & Mastruzzi, M. (2003), "Governance Indicators for 1996-2002," Policy Research Working Paper, The

World Bank.

Kindleberger, C. P. (1969), *American Business Abroad: Six Lectures on Direct Investment*, Yale University Press: Boston.

Kinoshita, Y. & Campos, N. F. (2002), "The Location Determinants of Foreign Direct Investment in Transition Economies," Working Paper, University of Michigan.

Kobrin, S. J. (1976), "The Environmental Determinants of Foreign Direct Manufacturing Investment: An Ex-Post Empirical Analysis," *Journal of International Business Studies*, Vol. 7(2), pp. 29-42.

Kojima, K. (1978), *Direct Foreign Investment: A Japanese Model of Multinational Business Operations*, Croom Helm: London.

Kumar, K. & Kim, K. Y. (1984), "The Korean Manufacturing Multinationals," *Journal of International Business Studies*, Spring-Summer, pp. 45-61.

Lall, S. (1997), *Attracting Foreign Investment: New Trends, Sources and Policies*, Economic Paper, No. 31, Commonwealth Secretariat.

Lambsdorff, J. G.(2003), "How Corruption Affects Persistent Capital Flows," *Economics of Governance*, Vol. 4(3), pp. 229-243.

Lapalombara, J. (1994), "Structural and Institutional Aspects of Corruption," *Social Research*, Vol. 61(2), pp. 325-350.

Lecraw, D. (1977), "Direct Investment by Firms from Less Developed Countries," *Oxford Economic Papers*, March, pp. 443-457.

Lee, J. Y. & Mansfield, E. (1996), "Intellectual Property Protection and U.S. Foreign Direct Investment," *Review of Economics and Statistics*, Vol. 78(2), pp. 181-186.

Leff, N. H. (1964), "Economic Development through Bureaucratic Corruption," *American Behavioral Scientist*, Vol. 8(3), pp. 8-14.

Leftwich, R. B. (1973), "Foreign Direct Investment in the U.S., 1962-1971," *Survey of Current Business*, U.S. Department of Commerce, Feb., pp. 29-40.

Levis, M. (1979), "Does Political Instability in Developing Countries Affect Foreign Investment Flow?: An Empirical Examination," *Management International Review*, Vol. 19(3), pp. 59-68.

Levitt, T. (1983), "The Globalization of Markets," *Harvard Business Review*, May-June, pp. 92-102.

Li, Q. & Resnick, A. (2003), "Reversal of Fortunes: Democratic Institutions and Foreign Direct Investment Inflows to Developing Countries," *International Organization*, Vol. 57(4), pp. 175-211.

Loree, D. W. & Guisinger, S. E. (1995), "Policy and Non-Policy Determinants of U.S. Equity Foreign Direct Investment," *Journal of International Business Studies*, Vol. 26(2), pp. 281-299.

Lskavyan, V. & Spatareanu, M. (2008), "Host Country's Governance and The Size of Foreign Investors," *Economics Letters*, Vol. 100, pp. 258-261.

Lunn, J. (1980), "Determinants of U.S. Direct Investments in the EEC: Further Evidence," *European Economic Review*, Vol. 13, pp. 93-101.

Mataloni, R. J. (2011), "The Structure of Location Choice for New U.S. Manufacturing Investments in Asia-Pacific," *Journal of World Business*, Vol. 46(2), pp. 154-165.

Mauro, P. (1995), "Corruption and Growth," *Quarterly Journal of Economics*, Vol. 110(3), pp. 681-712.

Mudambi, R. (1995), "The Multinational Investment Location Decisions: Some Empirical Evidence," *Managerial and Decision Economics*, Vol. 16(3), pp. 249-257.

Mugal, M. M. & Akram, M. (2011), "Does Market Size Affect FDI? The Case of Pakistan," *Interdisciplinary Journal of Contemporary Research in Business*, Vol. 2(9), pp. 237-247.

O'Sullivan, P. (1985), "Determinants and Impact of Private Foreign Direct Investment in Host Countries," *Management International Review*, Vol. 25(4), pp. 28-36.

Ozawa, T. (1979), *Multinationalism: Japanese Style*, Princeton University Press: Princeton.

Piper, J. R. (1971), "How U.S. Firms Evaluate Foreign Investment Opportunities?." *MSU Business Topics*, Vol. 19(1), pp. 11-20.

Porter, M. (1985), *Competition in Global Industries*, Harvard Business School Press: Cambridge.

Resmini, L. (2000), "The Determinants of Foreign Direct Investment in the CEECs," *Economics of Transition*, Vol. 8(3), pp. 665-689.

Riedel, J. (1975), "The Nature and Determinants of Export-Oriented Direct Foreign Investment in Developing Country: A Case Study of Taiwan," *Weltwirtschaftliches Archiv*, Vol. 111, pp. 505-528.

Rodriguez, P., Uhlenbruck, K. & Eden, L. (2005), "Government Corruption and the Entry Strategies of Multinationals," *Academy of Management Review*, Vol. 30(2), pp. 383-396.

Root, F. & Ahmed, A. (1979), "Empirical Determinants of Manufacturing Direct Foreign Investment in Developing Countries," *Economic Development and Cultural Change*, Vol. 27, pp. 751-767.

Rugman, A. M. (1980), "Internalization as A General Theory of Foreign Direct Investment: A Re-Appraisal of the Literature," *Weltwirtschaftliches Archiv*, Vol. 116(2), pp. 365-379.

_______ (1981), *Inside the Multinationals: The Economics of Internal*

Markets, Croom-Helm: London.

_______ (1985), "Internalization Is Still A General Theory of Foreign Direct Investment," *Weltwirtschaftliches Archiv*, Vol. 121(3), pp. 570-575.

Rugman, A. M., Lecraw, D. J. & Booth, L. D. (1986), *International Business: Firm and Environment*, McGraw-Hill: Singapore.

Scaperlanda, A. E. & Balough, R. S. (1983), "The Determinants of U.S. Direct Investment in the EEC: Revisited," *European Economic Review*, Vol. 21, pp. 381-390.

Scaperlanda, A. E. & Mauer, L. J. (1969), "The Determinants of U.S. Direct Investment in the EEC," *American Economic Review*, Vol. 59, pp. 558-568.

Schleifer, A. & Vishny, R. W. (1993), "Corruption," *Quarterly Journal of Economics*, Vol. 108(3), pp. 599-617.

Schneider, F. & Frey, B. S. (1985), "Economic and Political Determinants of Foreign Direct Investment," *World Development*, Vol. 13(2), pp. 161-175.

Sethi, D., Guisinger, S. E., Phelan, S. E. & Berg, D. M. (2003), "Trends in Foreign Direct Investment Flows: A Theoretical and Empirical Analysis," *Journal of International Business Studies*, Vol. 34(4), pp. 315-326.

Smarzynska, B. E. & Wei, S. J. (2000), "Corruption and Composition of Foreign Direct Investment: Firm-Level Evidence," Working Paper Series, NBER.

Svensson, J. (2005), "Eight Questions about Corruption," *Journal of Economic Perspectives*, Vol. 19(3), pp. 19-42.

Tanzi, V. (1998), "Corruption Around the World: Causes, Consequences, Scope, and Cures," *IMF Staff Papers*, Vol. 45(4), pp. 559-594.

Tanzi, V. & Schuknecht, L. (1997), "Reconsidering the Fiscal Role of Government: The International Perspective," *American Economic Review*, Vol. 87(2), pp. 164-168.

The Economist (2002), "Special Report: Bribery and Business," March 2, pp. 63-65.

Thunell, L. H. (1977), *Political Risks in International Business: Investment Behavior of Multinational Corporation*, Praeger: New York.

Ting, W. & Schive, C. (1981), "Direct Investment and Technology Transfer from Taiwan," in *Kumar and McLeod, eds., Multinationals from Developing Countries*, Lexington: MA.

Transparency International (2000), *Transparency International Source Book*.

Uhlenbruck, K., Rodriguez, P., Doh, J. & Eden, L. (2006), "The Impact of Corruption on Entry Strategy: Evidence from Telecommunication Projects in Emerging Economies," *Organization Science*, Vol. 17(3), pp. 402-414.

Vasconcellos, G. M. (1988). "Factors Affecting Foreign Direct Investment in the Brazilian Manufacturing Sector: 1955-1980," *Management International Review*, Vol. 28(4), pp. 53-62.

Vernon, R. (1966), "International Investment and International Trade in the Product Cycle," *Quarterly Journal of Economics*, Vol. 80, pp. 190-207.

______ (1979), "The Product Cycle Hypothesis in the New International Environment," *Oxford Bulletin of Economics and Statistics*, Vol. 41, pp. 255-267.

Vijayakumar, N., Sridharan, P. & Rao, K. C. (2010), "Determinants of FDI in BRICs Countries: A Panel Analysis," *International Journal of Business Science and Applied Management*, Vol. 5(3), pp.

1-13.

Voyer, P. A. & Beamish, P. W. (2004), "The Effect of Corruption on Japanese FDI," *Journal of Business Ethics*, Vol. 50, pp. 211-224.

Wang, Z. Q. & Swain, N. J. (1995), "The Determinants of Foreign Direct Investment in Transforming Economies: Evidence from Hungary and China," *Weltwirtschaftliches Archiv*, Vol. 131(2), pp. 359-382.

Wei, S. J. (2000), "How Taxing is Corruption on International Investors?," *Review of Economics and Statistics*, Vol. 82(1), pp. 1-11.

Wells, Jr., L. T. (1977), "The Internationalization of Firms from Developing Countries," in A. Tamir and C. P. Kindleberger, eds., *Multinationals from Small Countries*, The MIT Press: Cambridge.

________ (1978), "Foreign Investment from the Third World: The Experience of Chinese Firms from Hong Kong," *Columbia Journal of World Business*, Spring, pp. 39-49.

________ (1983), *Third World Multinationals: The Rise of Foreign Investment from Developing Countries*, The MIT Press: Cambridge.

Wernick, D., Singh, S. & Haar, J. (2009), "Do Governing Institutions Affect Foreign Direct Investment?," *International Journal of Economics and Business Research*, Vol. 1(3), pp. 317-332.

Wheeler, D. & Mody, A. (1992), "International Investment Locational Decisions: The Case of U.S. Firms," *Journal of International Economics*, Vol. 33, pp. 57-76.

Williams, D. A. (2009), "Determinants of Outward Foreign Direct Investments from Small Island Developing States," *American Journal of Economics and Business Administration*, Vol. 1(2), pp. 45-54.

Zaheer, S. (1995), "Overcoming the Liability of Foreignness," *Academy of Management Journal*, Vol. 38(2), pp. 341-363.

Zhao, H., Kim, S. H. & Du, J. (2003), "The Impact of Corruption and Transparency on Foreign Direct Investment: An Empirical Analysis," *Management International Review*, Vol. 43(1), pp. 41-62.

OECD (2014), *Foreign Bribery Report: An Analysis of the Crime of Bribery of Foreign Public Officials*.

저자 소개

김 경

연세대학교에서 경영학 학사 및 석사 학위를 취득 후
미국 Claremont 대학원에서 경영학석사(MBA),
그리고 Temple 대학교에서 국제경영 전공으로 박사학위(Ph.D)를 취득하였다.
1992년 이후 현재까지 계명대학교 경영학전공 교수로 재직중에 있다.
주요 학회 활동으로서 한국국제경영학회 부회장을 역임하였으며,
현재 한국국제경영관리학회 부회장으로 활동하고 있다.
주요 수상실적으로 "언어장벽과 사회적 지식이 해외자회사에 대한
지식이전에 미치는 영향에 관한 실증연구"란 논문으로
2010년도 한국국제경영관리학회에서 수여하는 최우수논문상을 수상하였다.